AF260656

Zoo Animaux

Coloriage

Coloring Pages for Kids

Coloring Pages for Kids
An imprint of Ciparum LLC

Zoo Animaux Coloriage

ISBN-10:1-63589-436-0
ISBN-13:978-1-63589-436-3

Coloring Pages for Kids

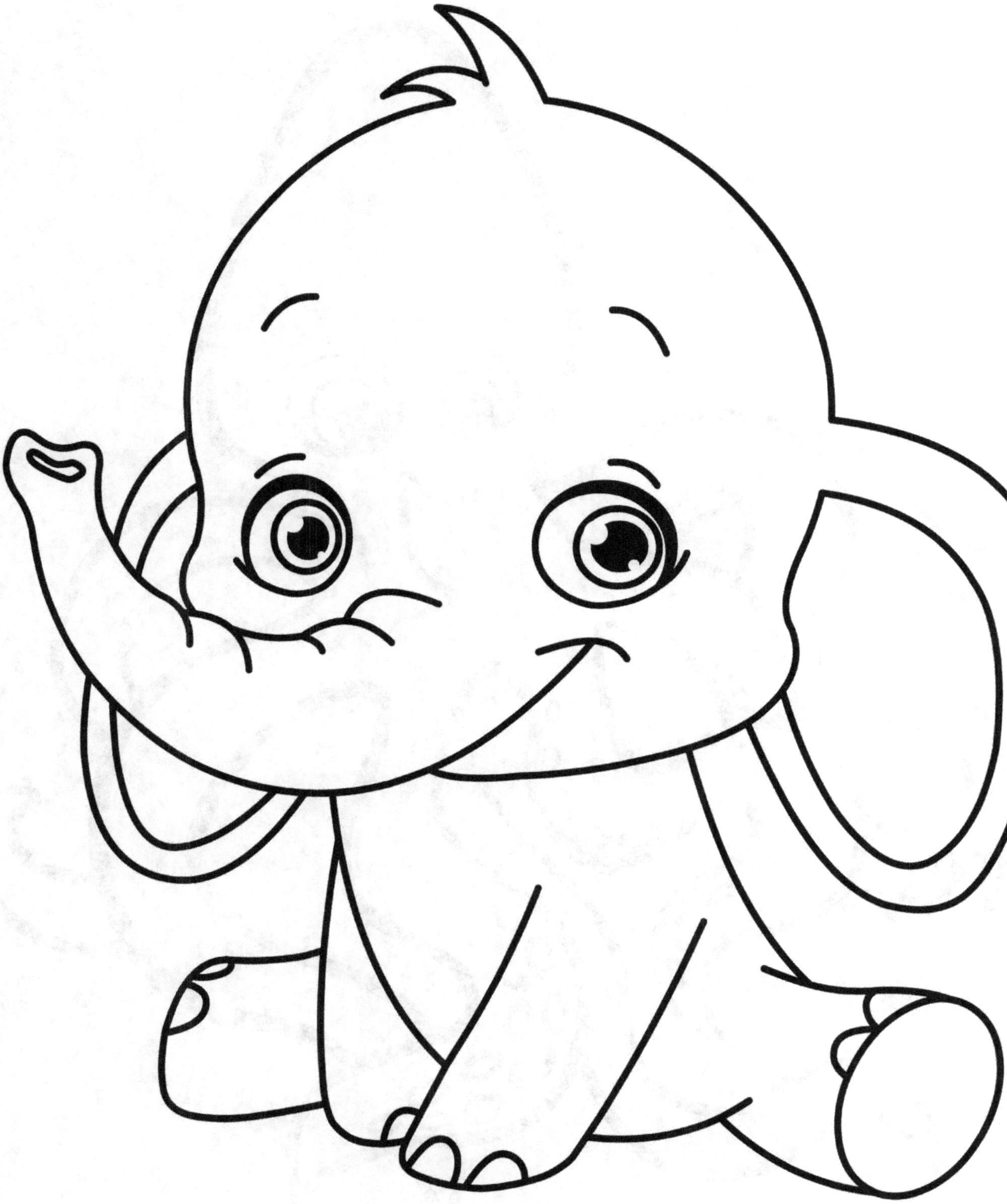

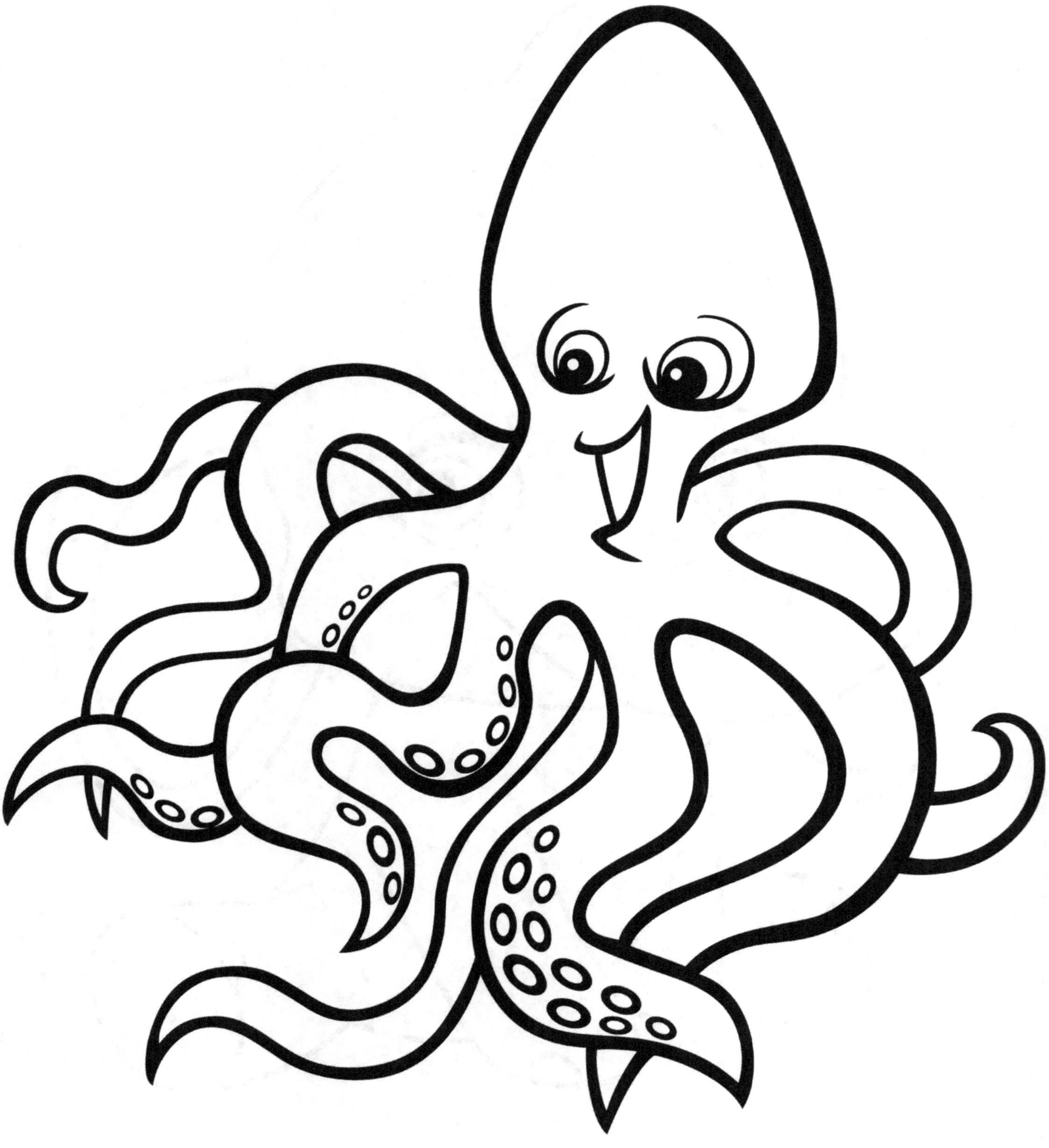

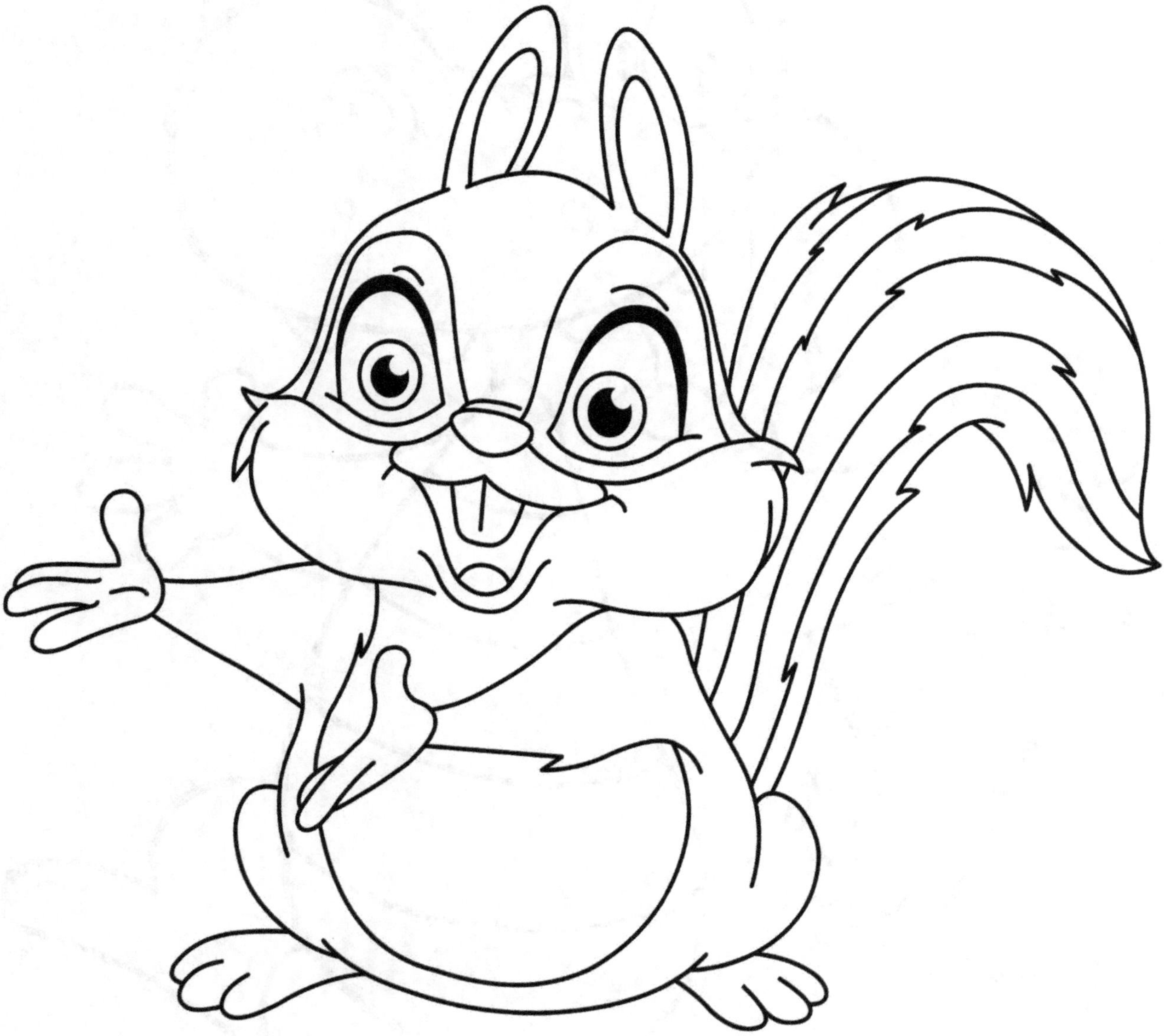

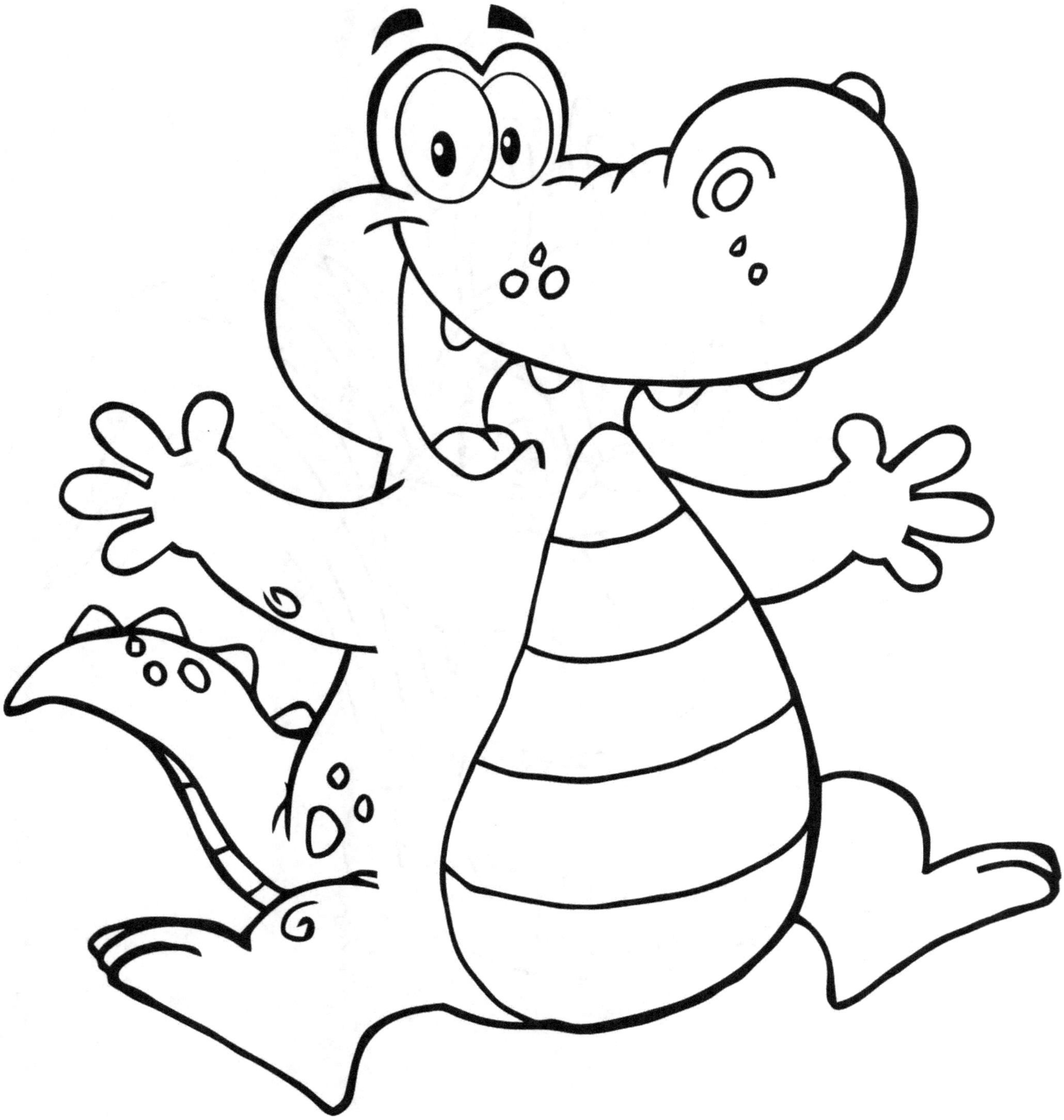

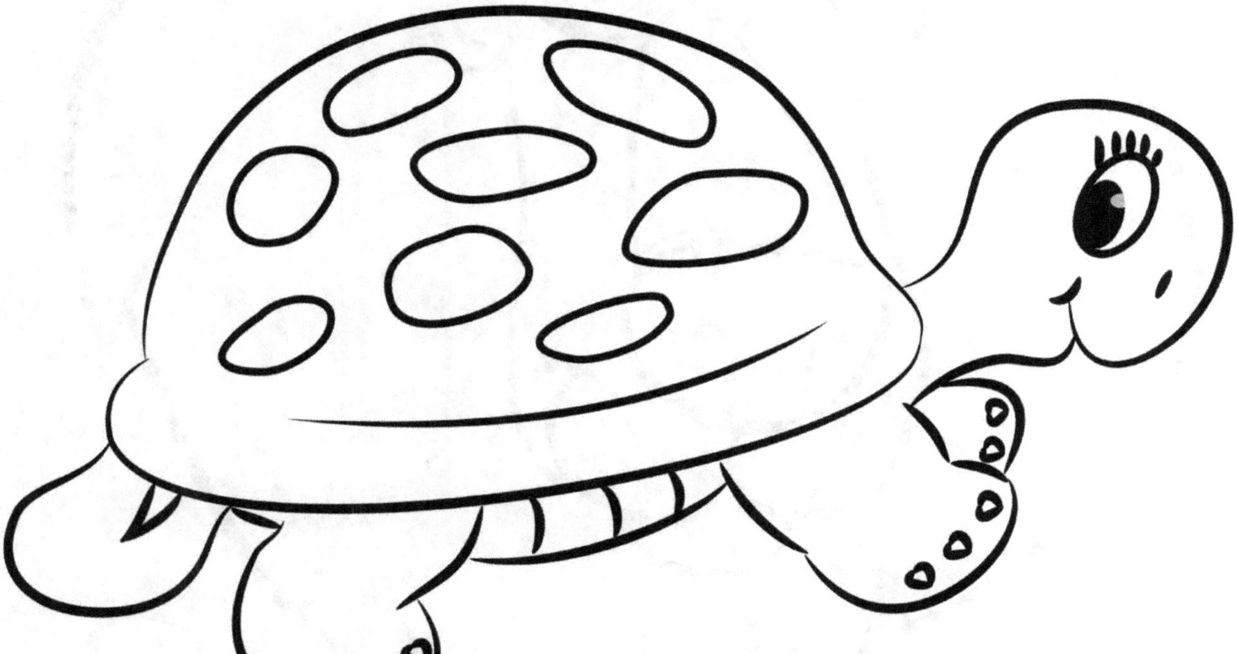

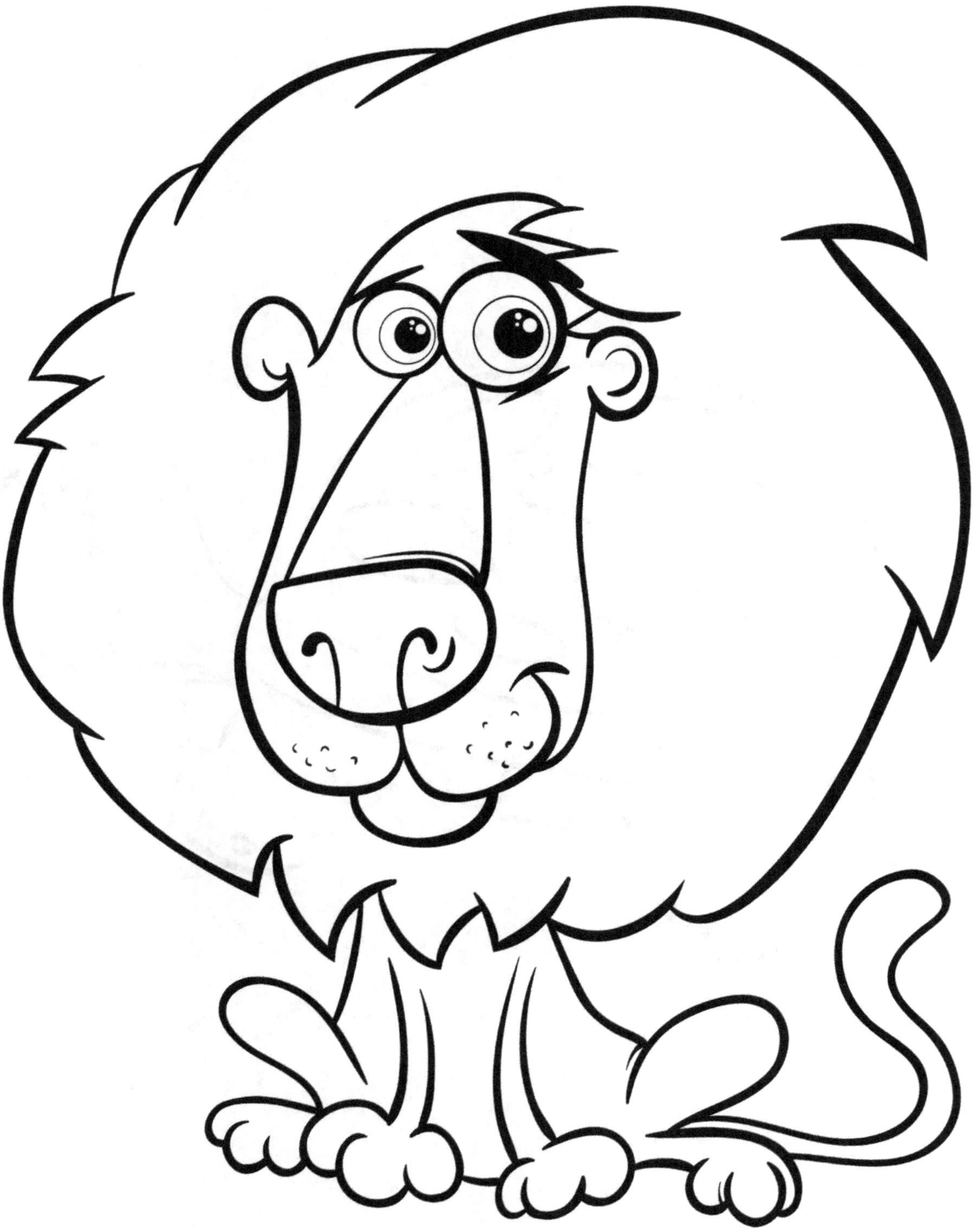

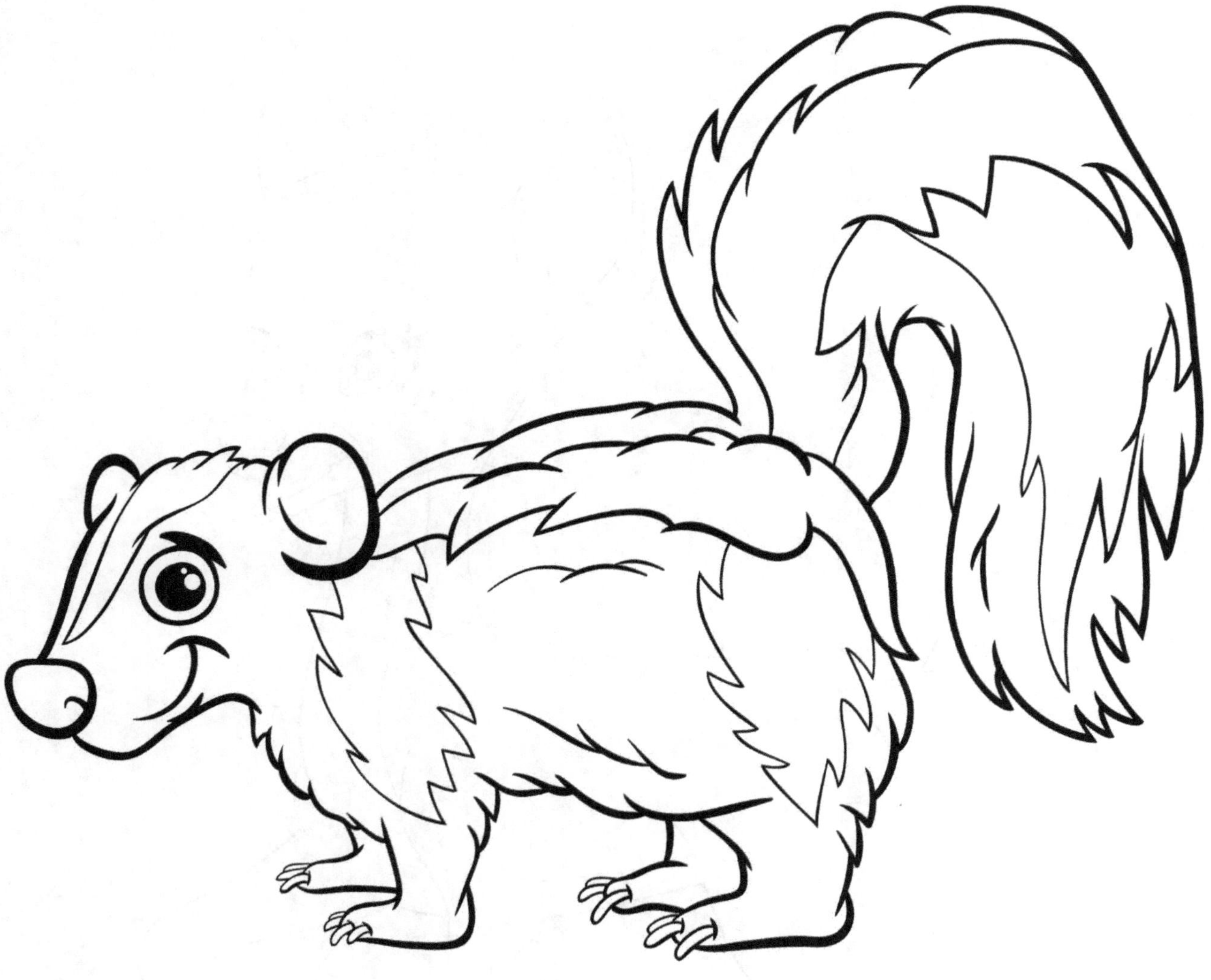

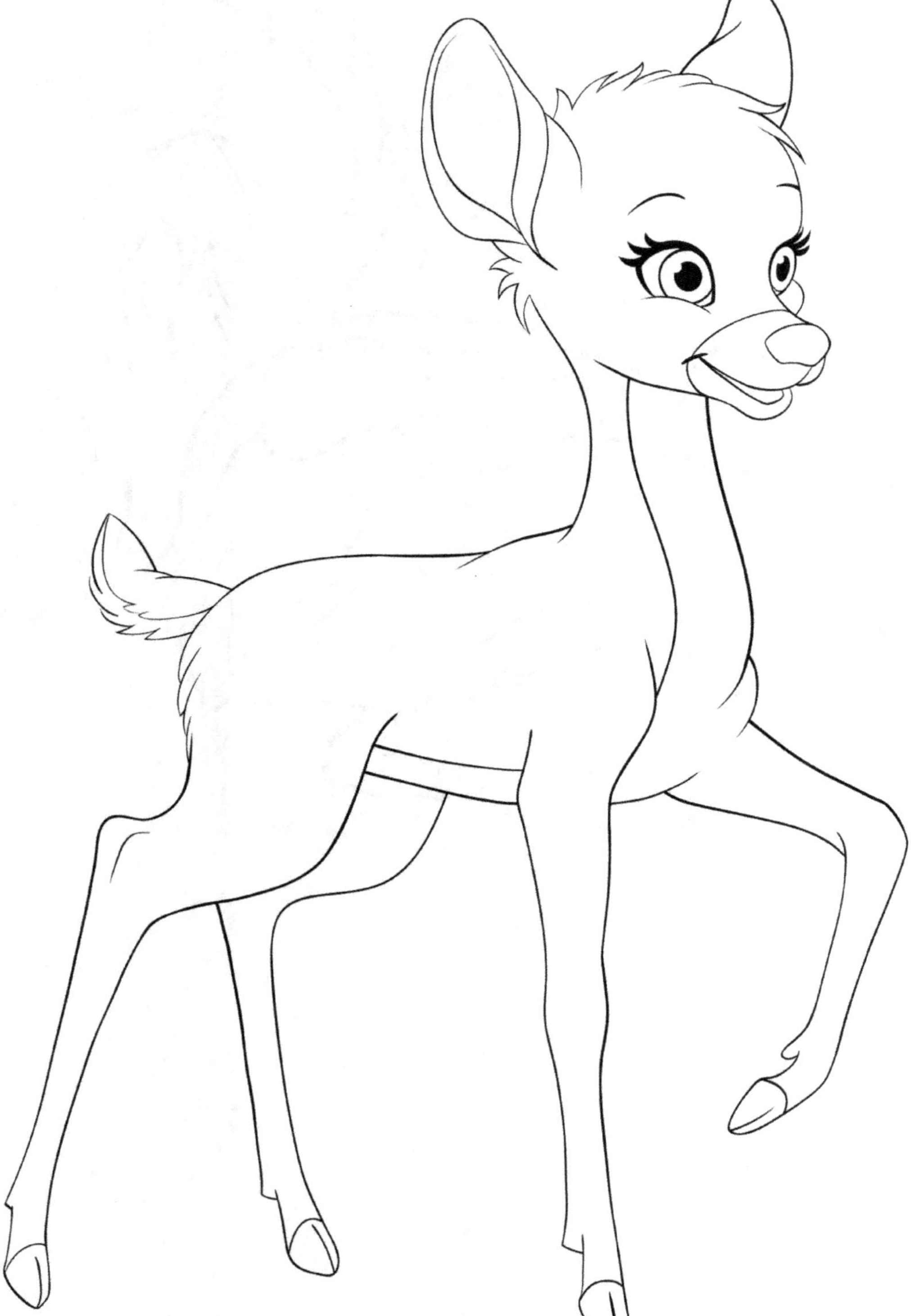

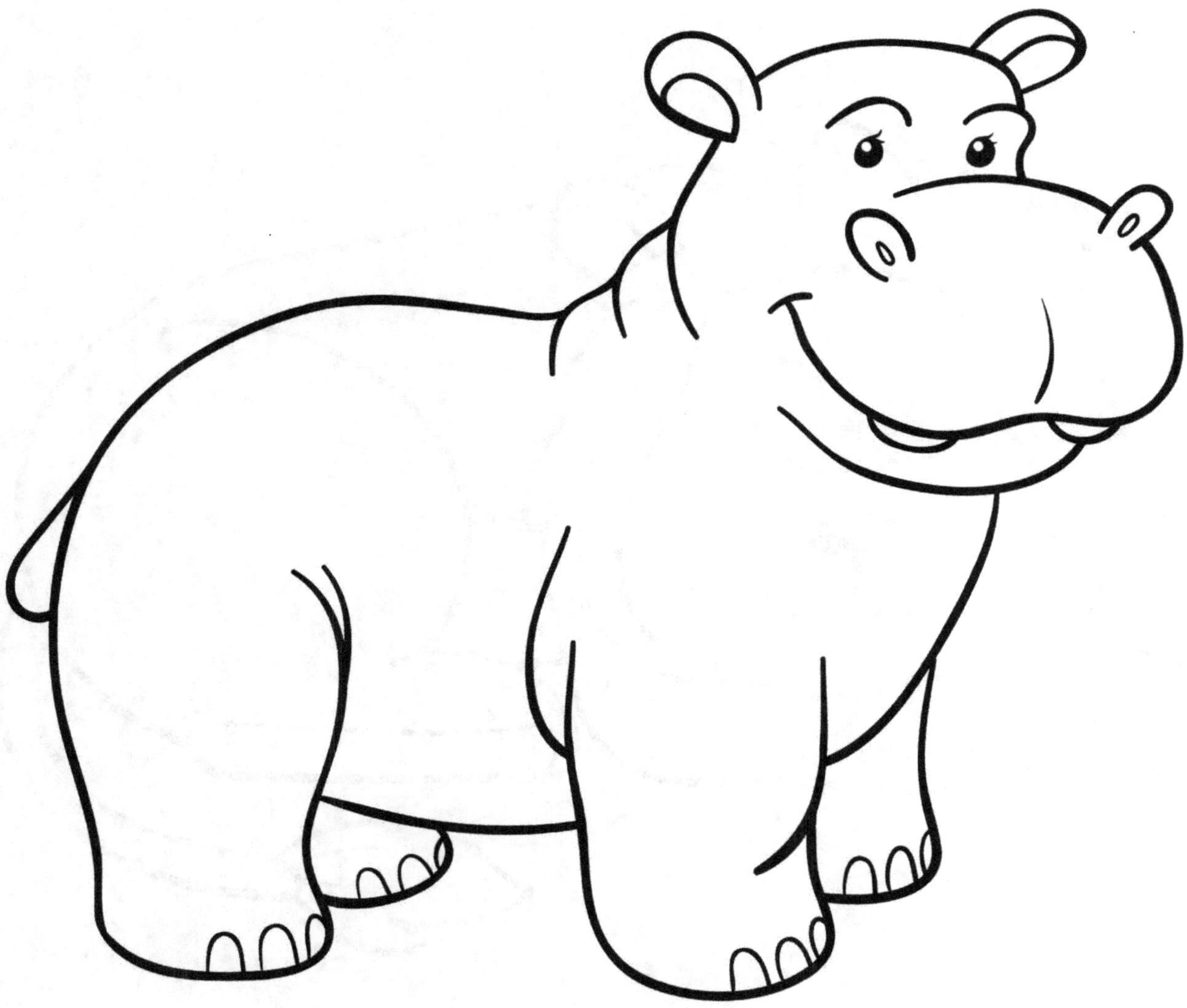

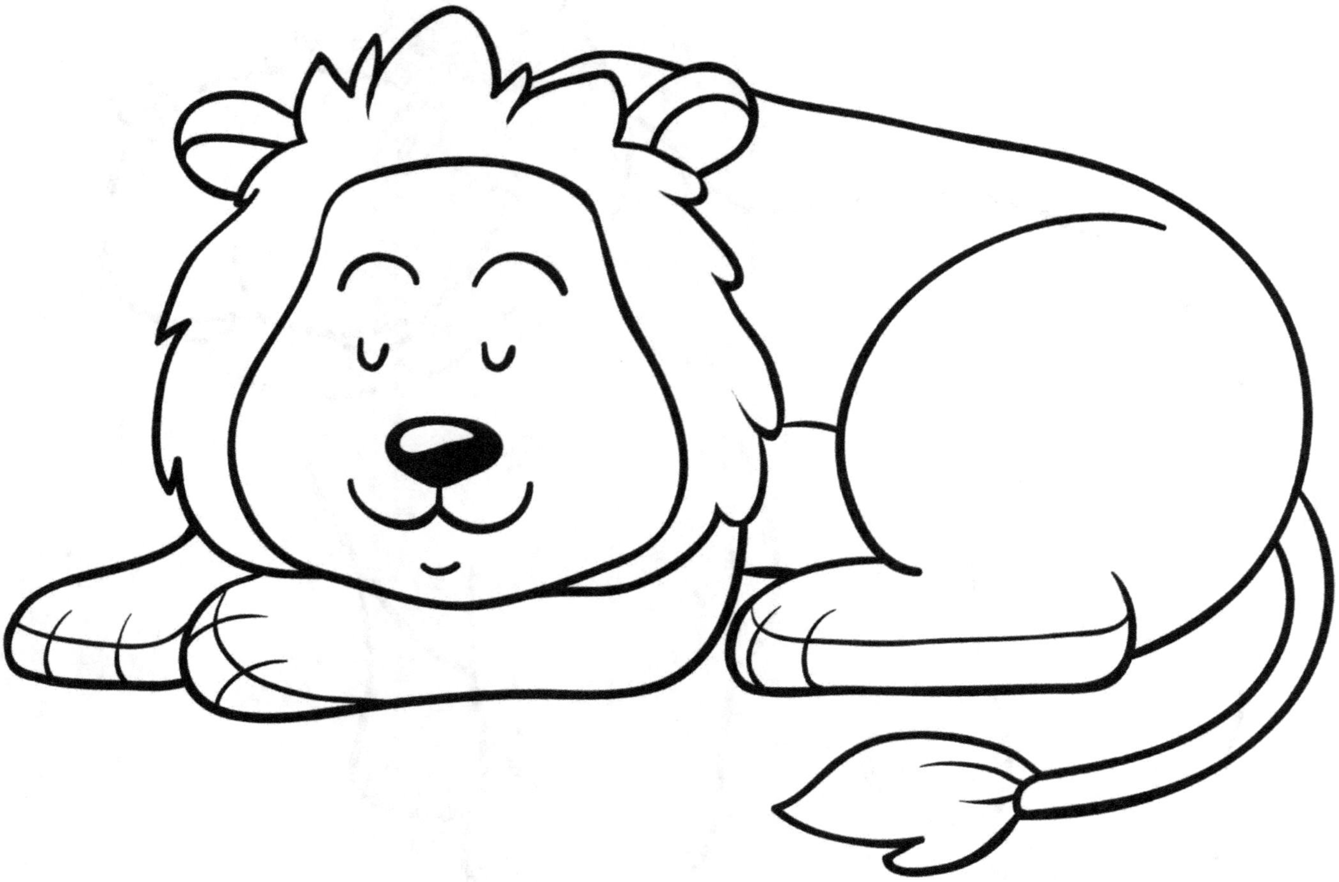

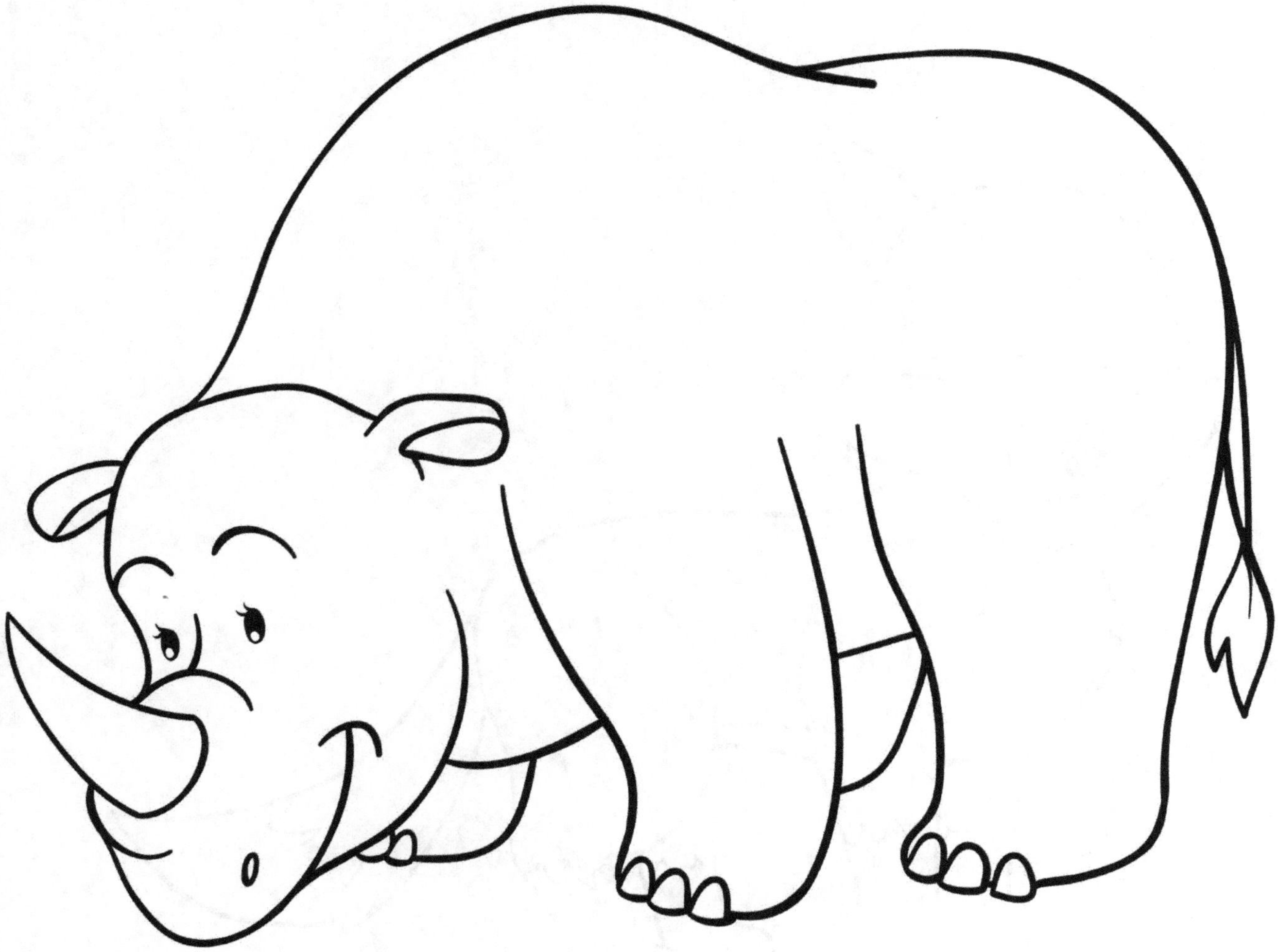

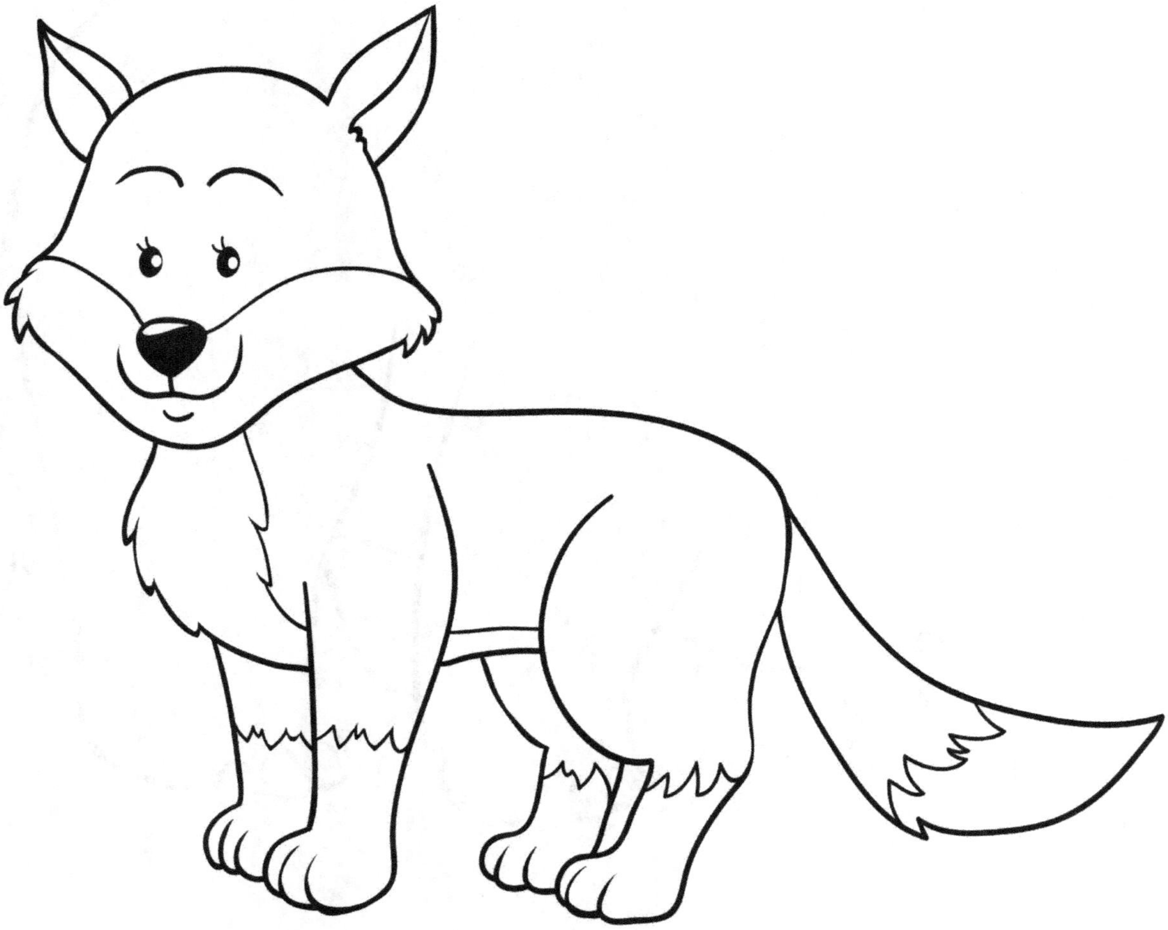

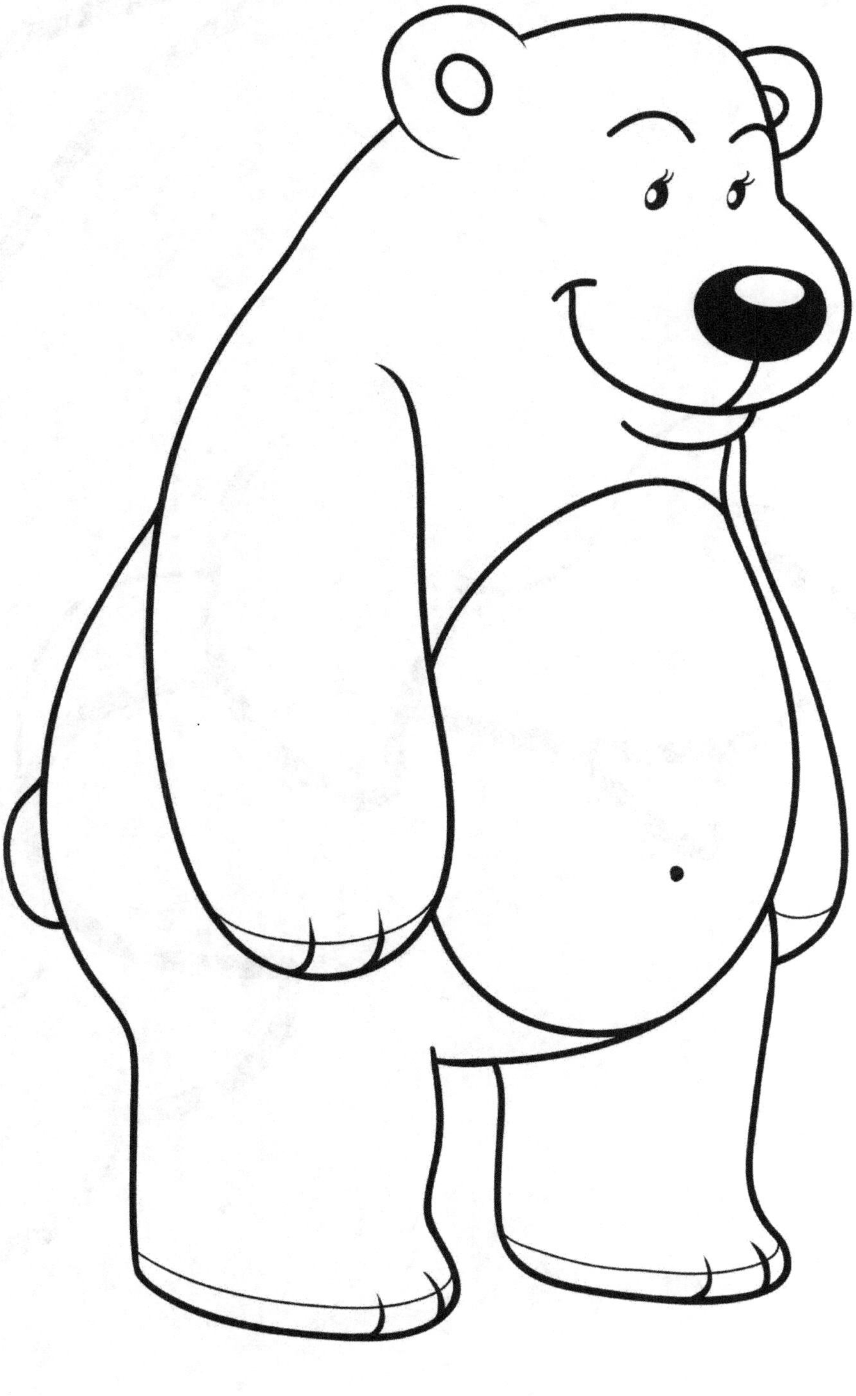

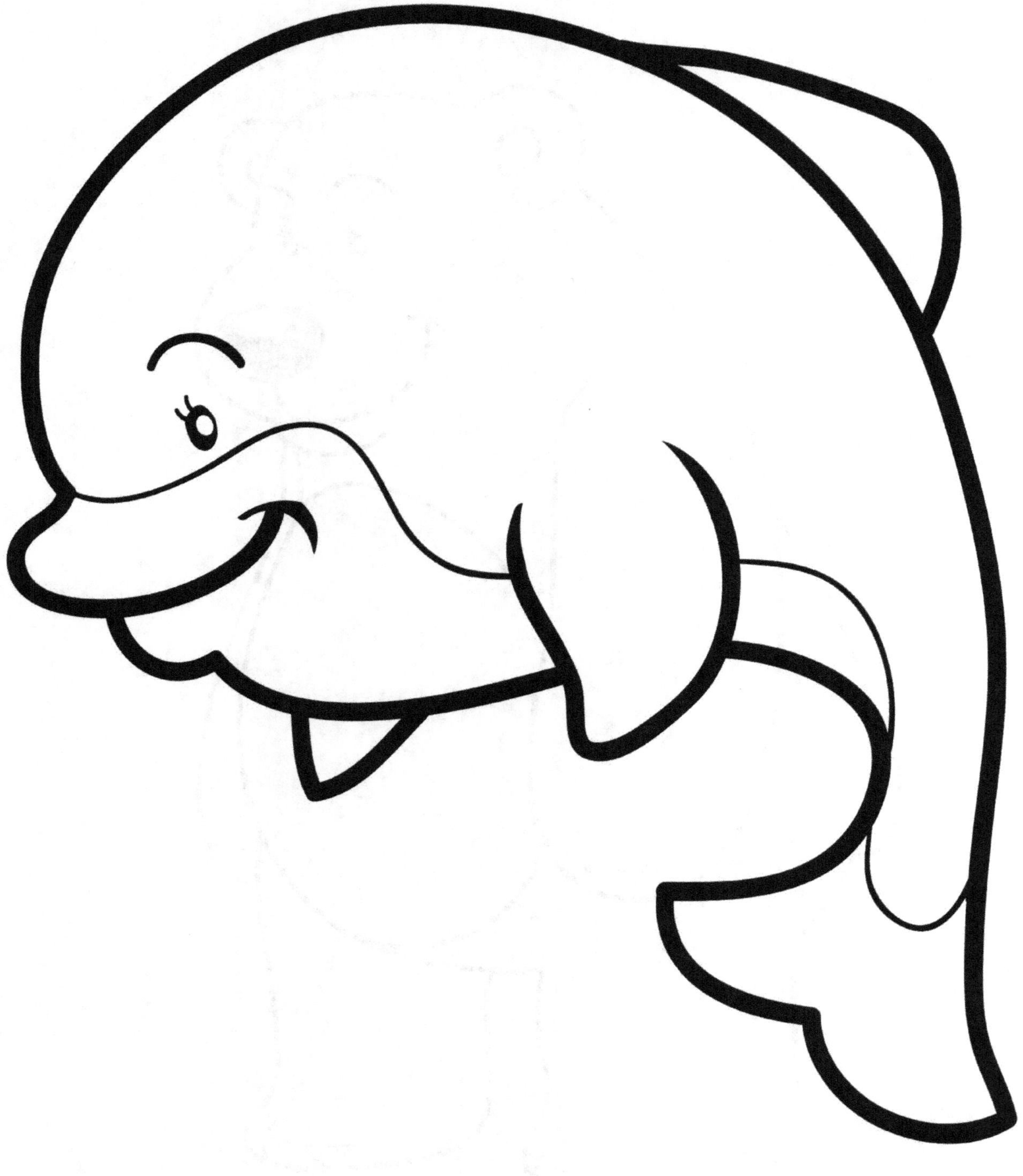

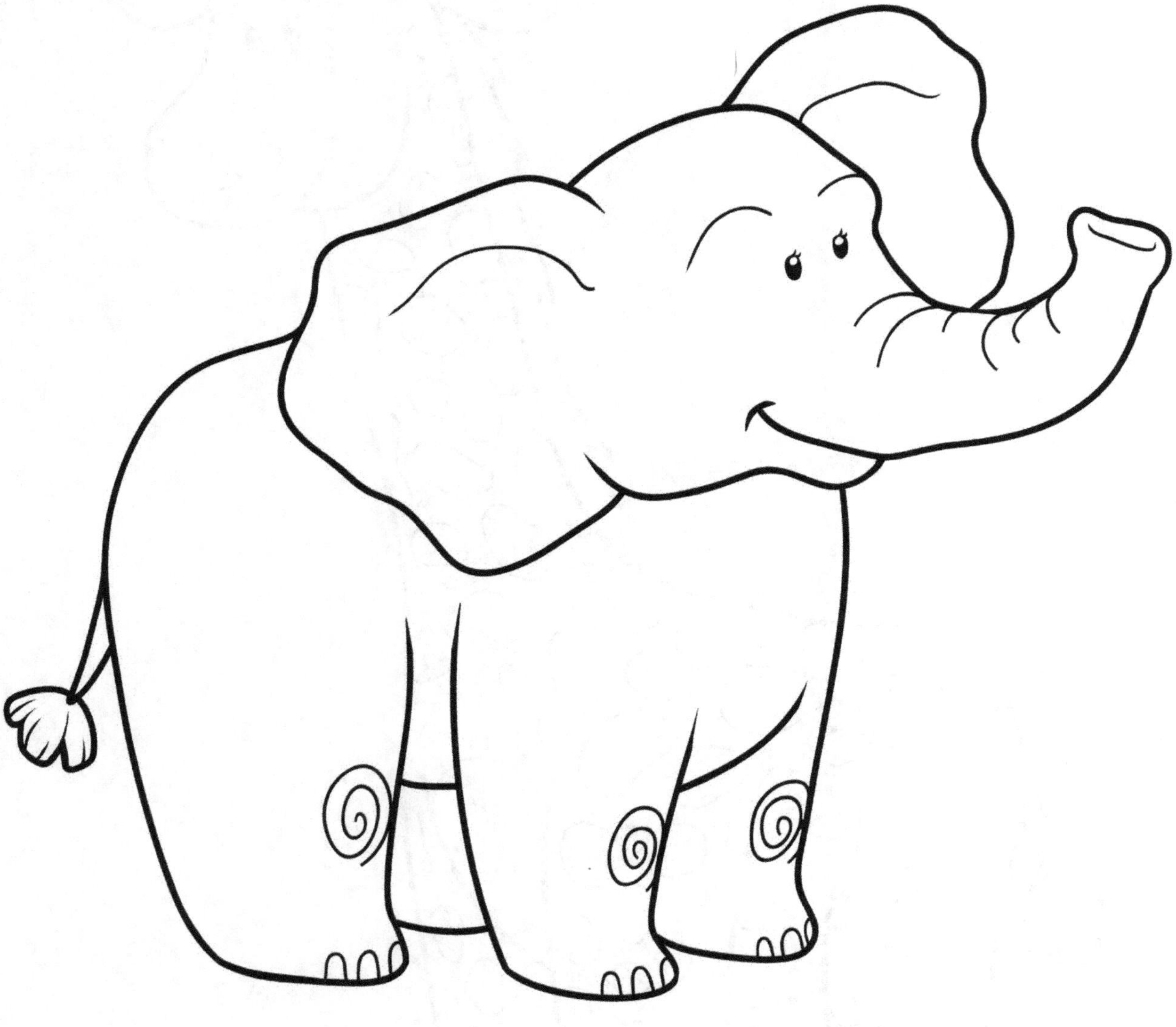

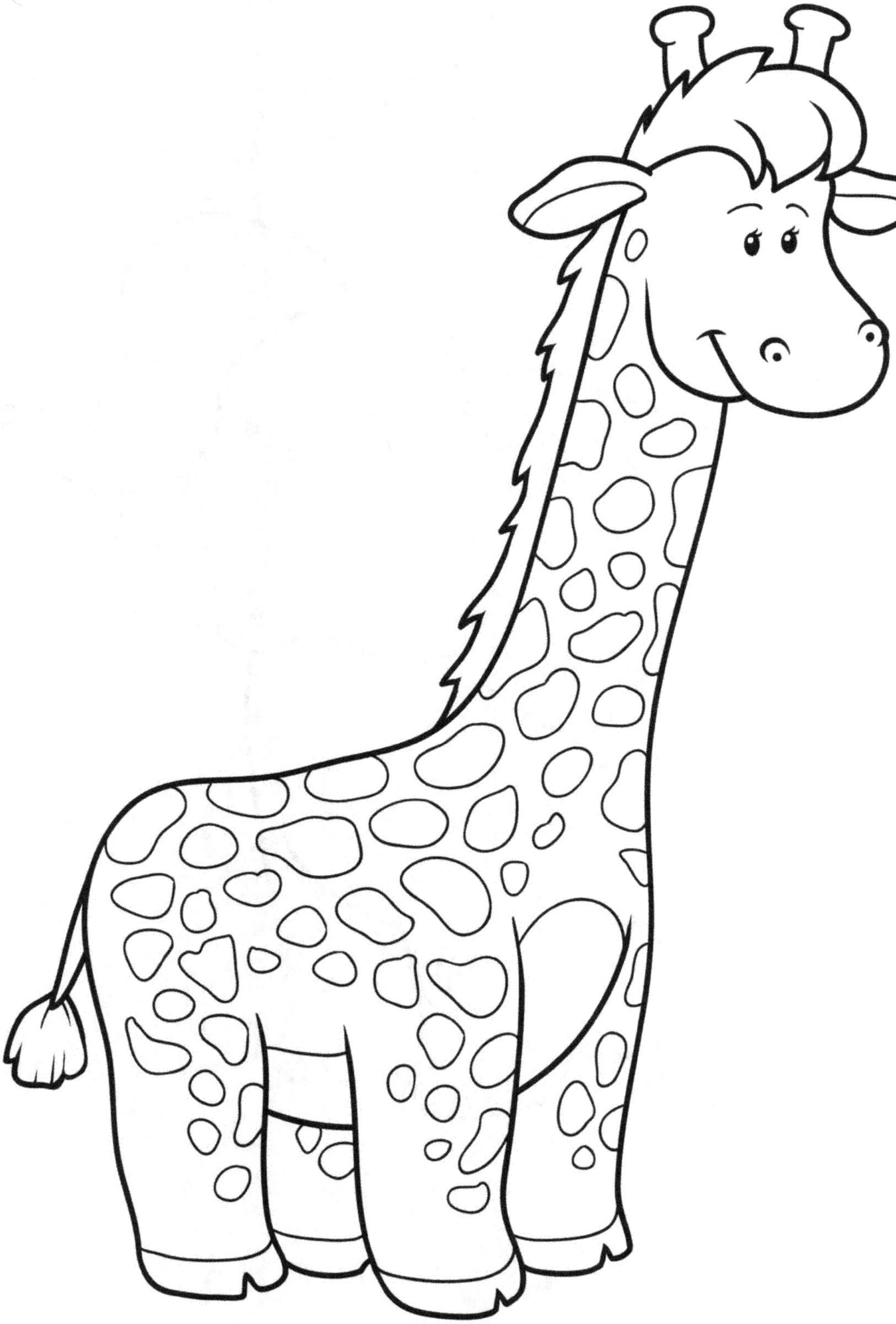

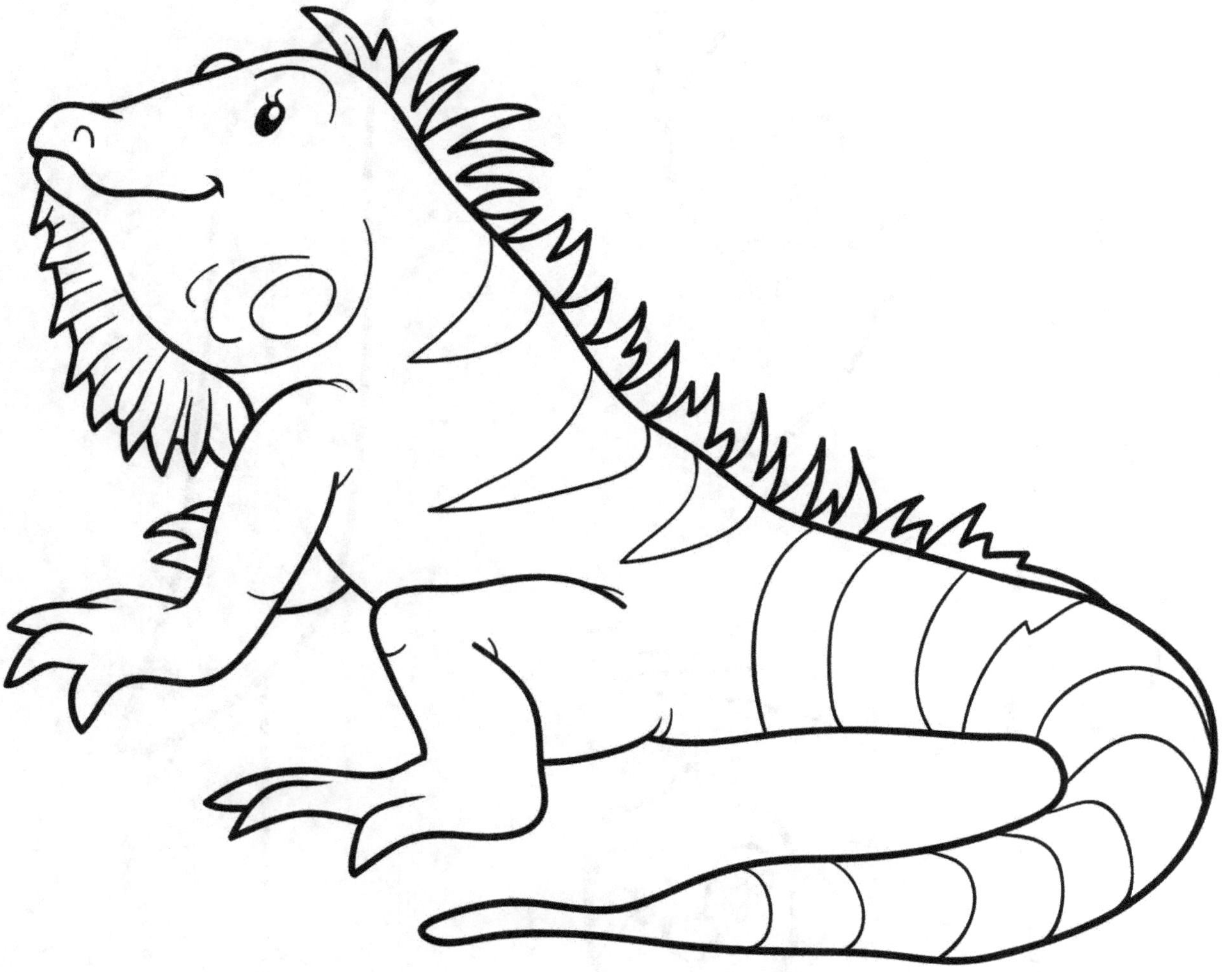

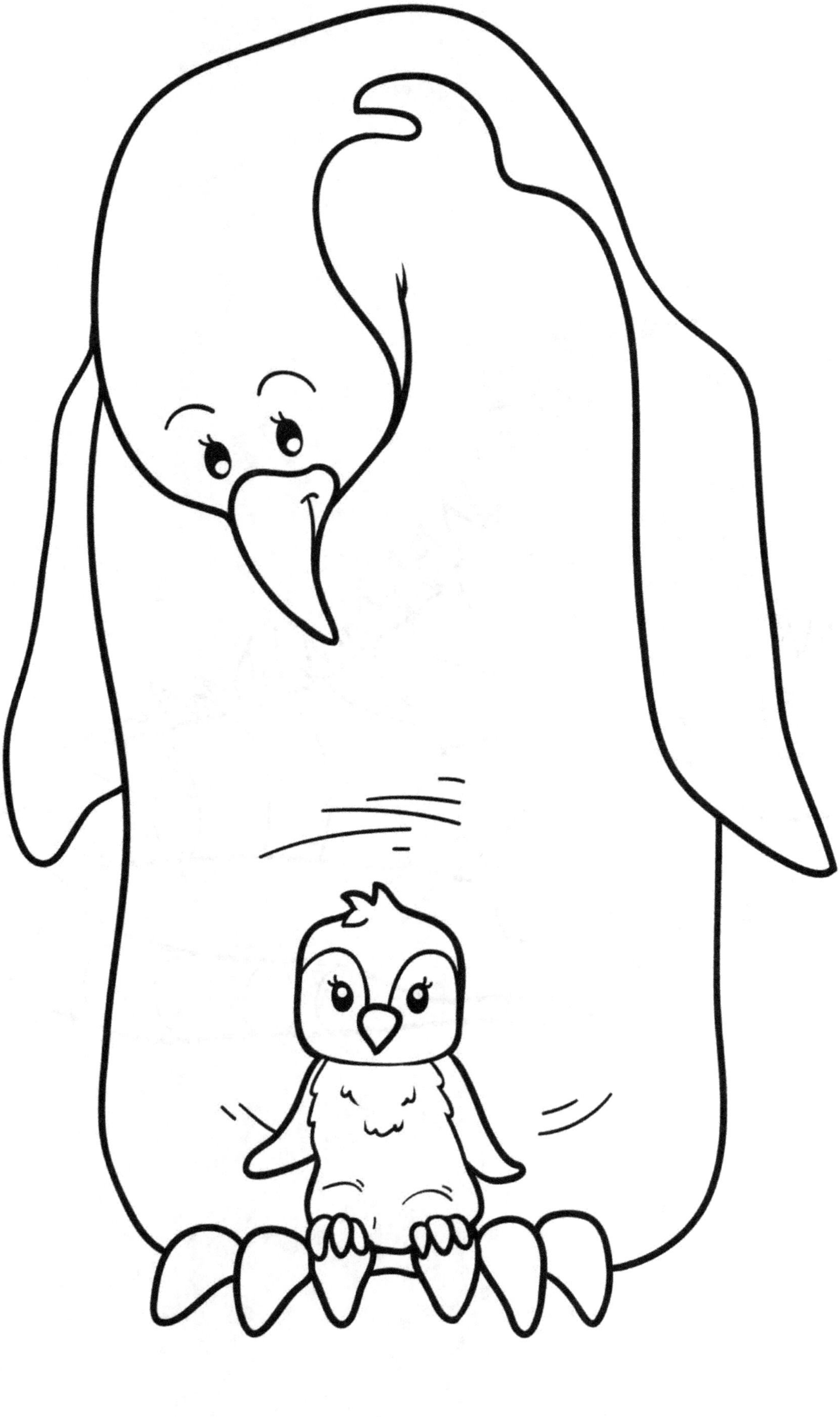

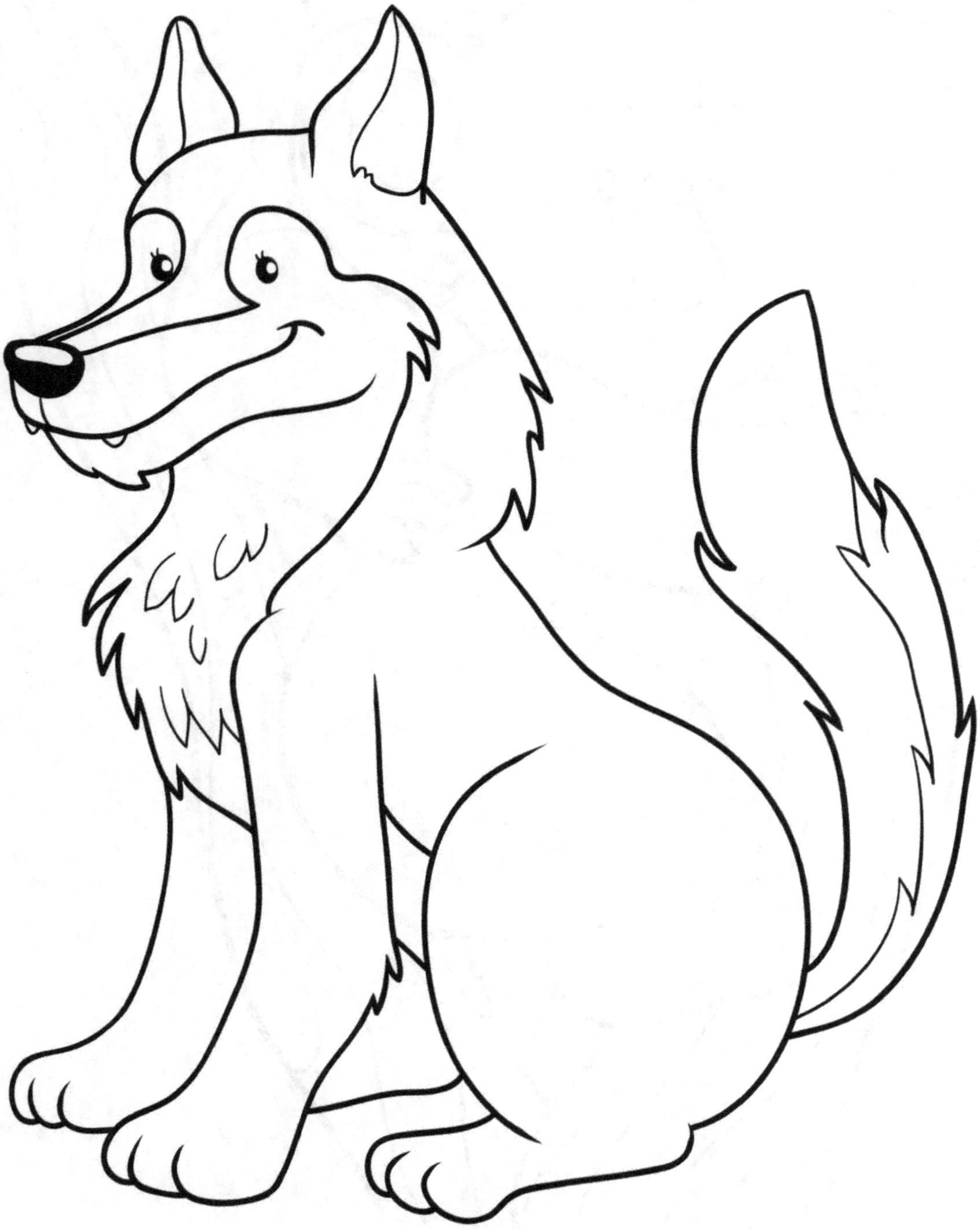

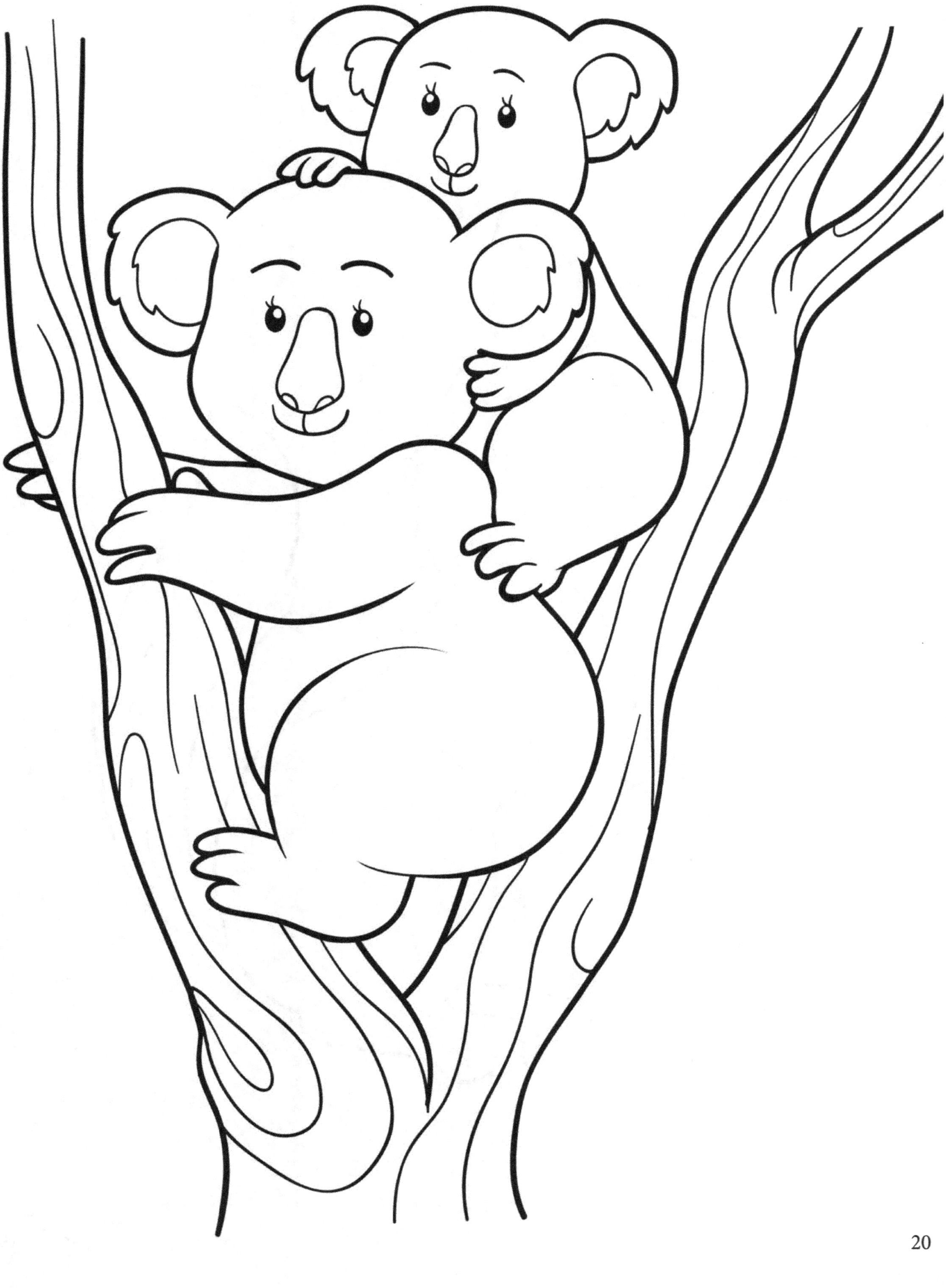

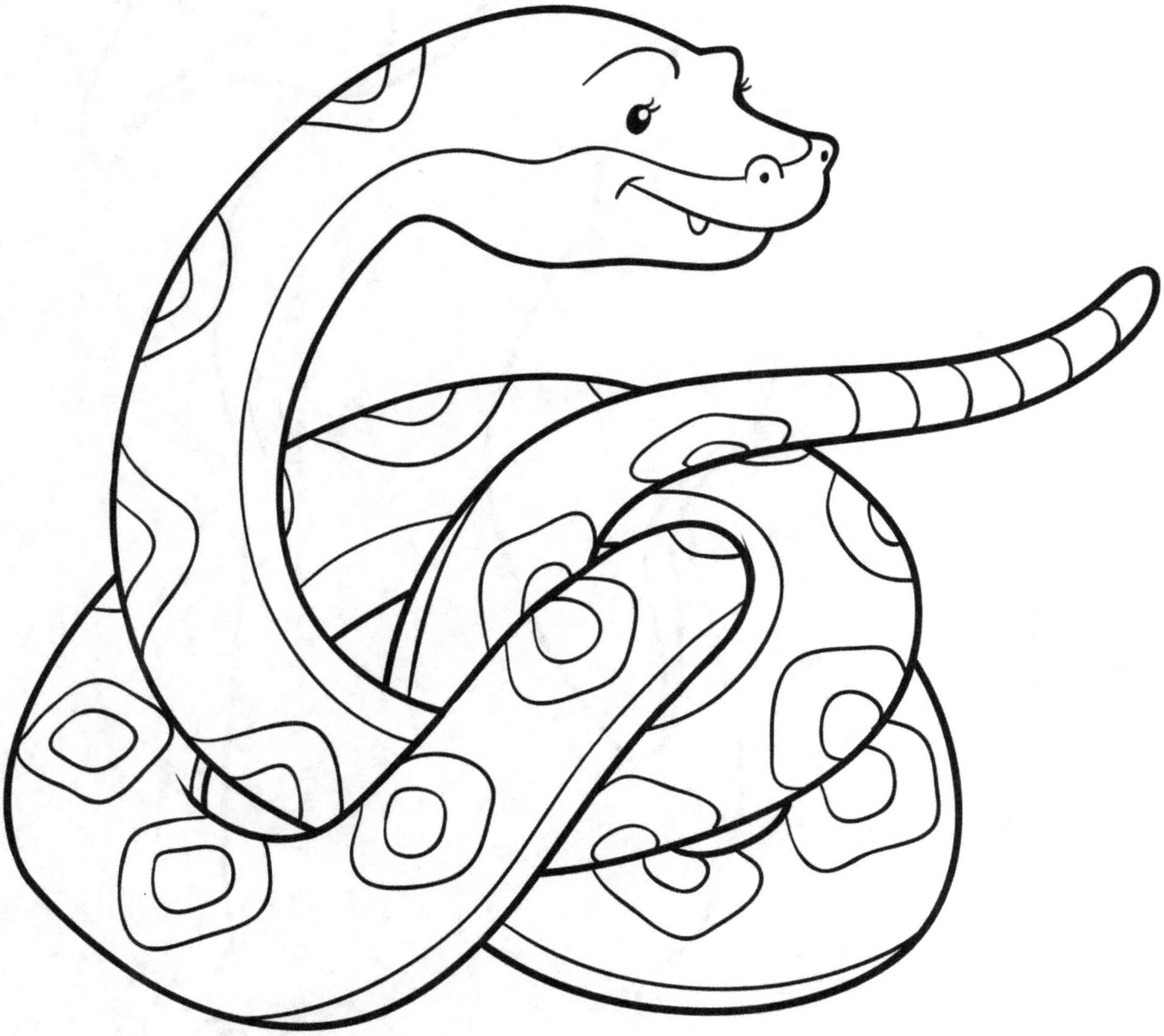

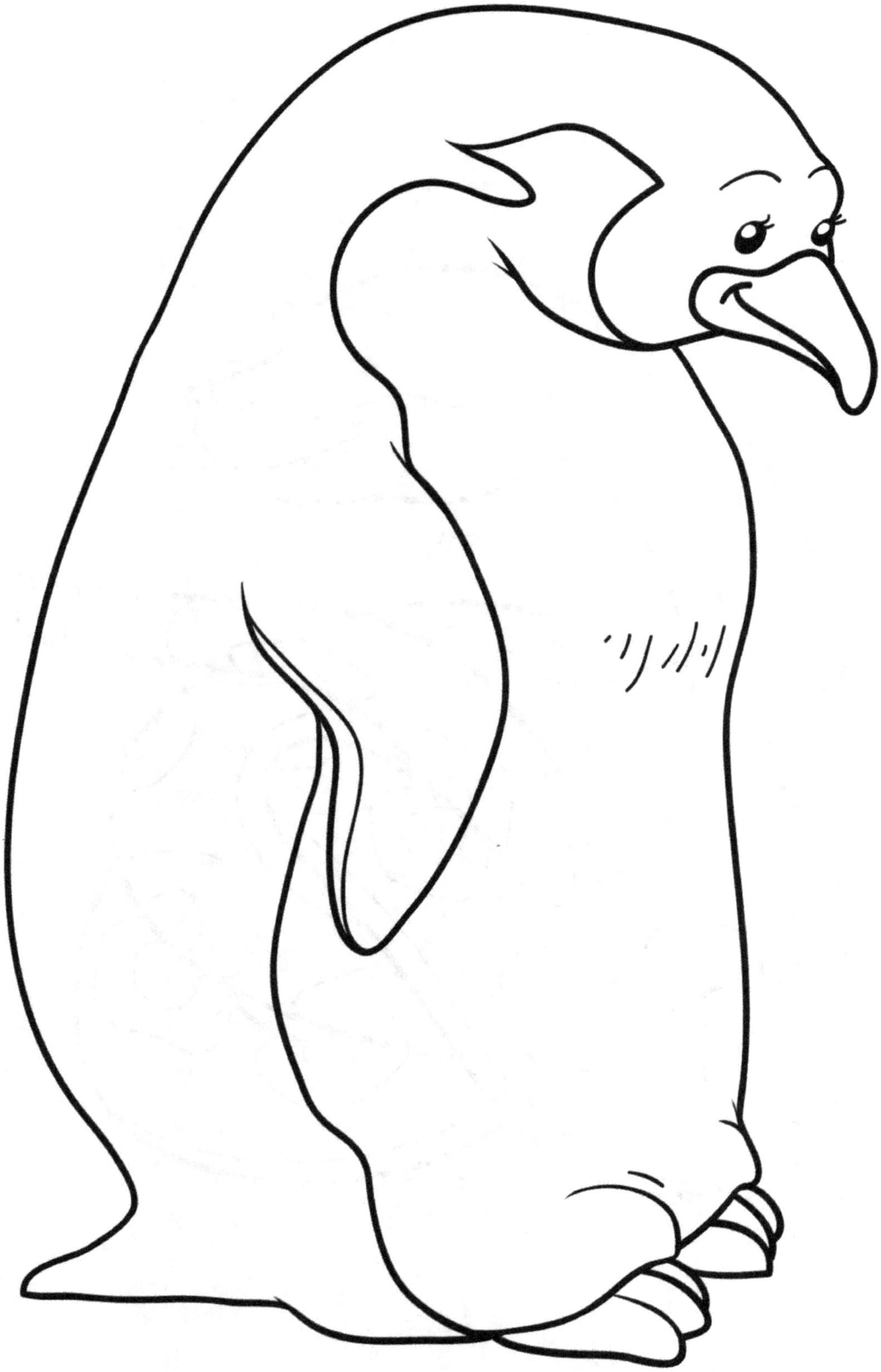

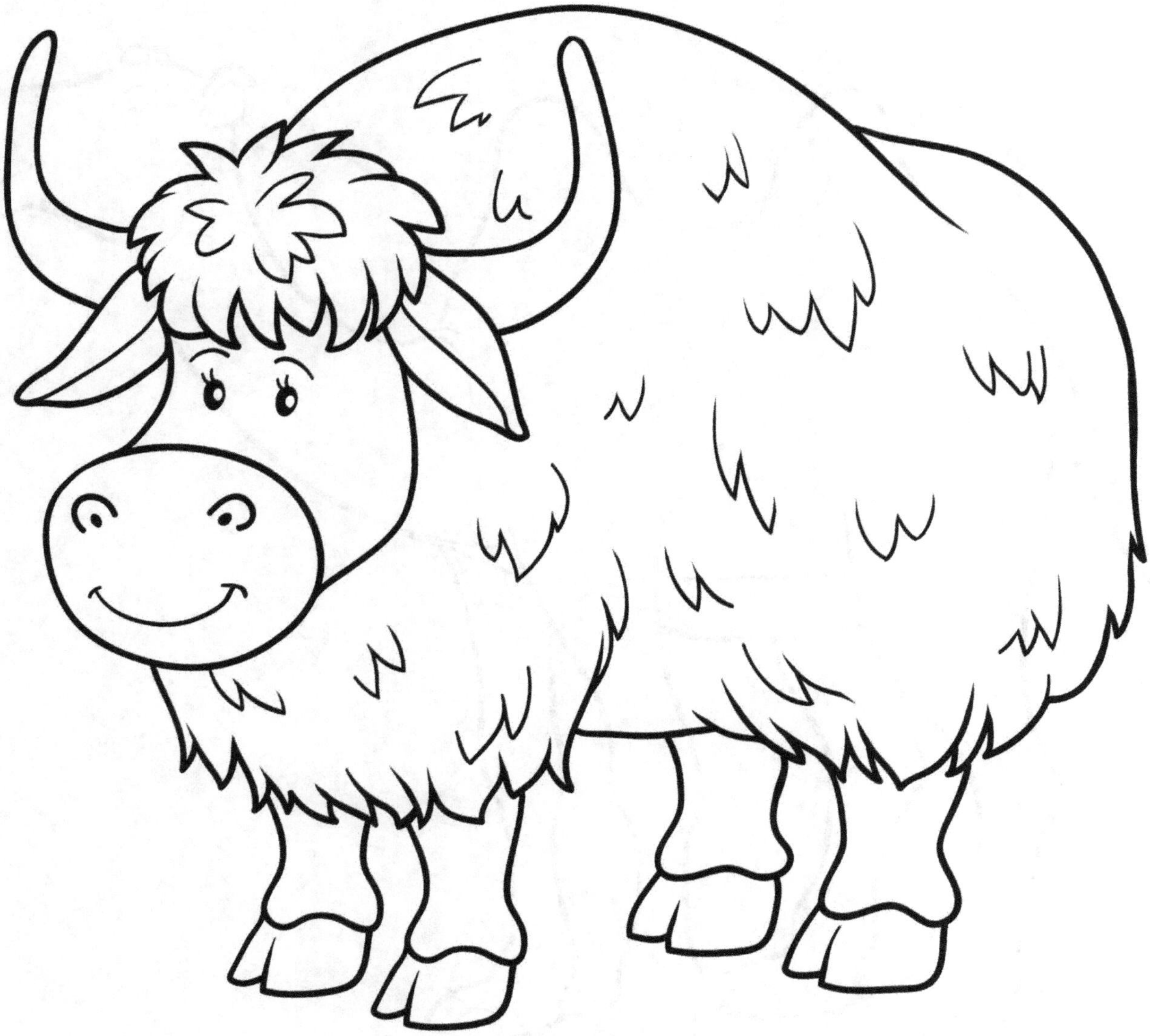

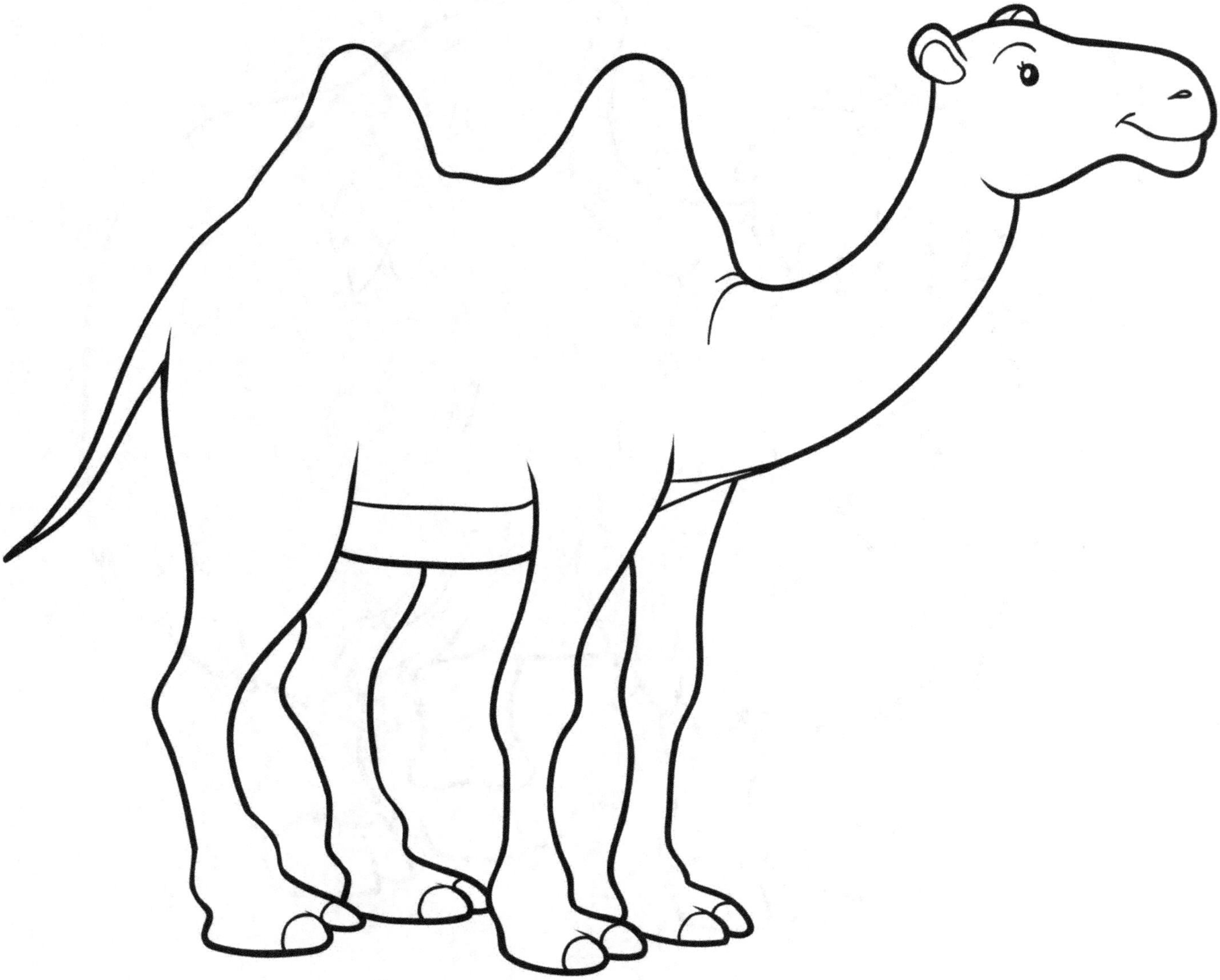

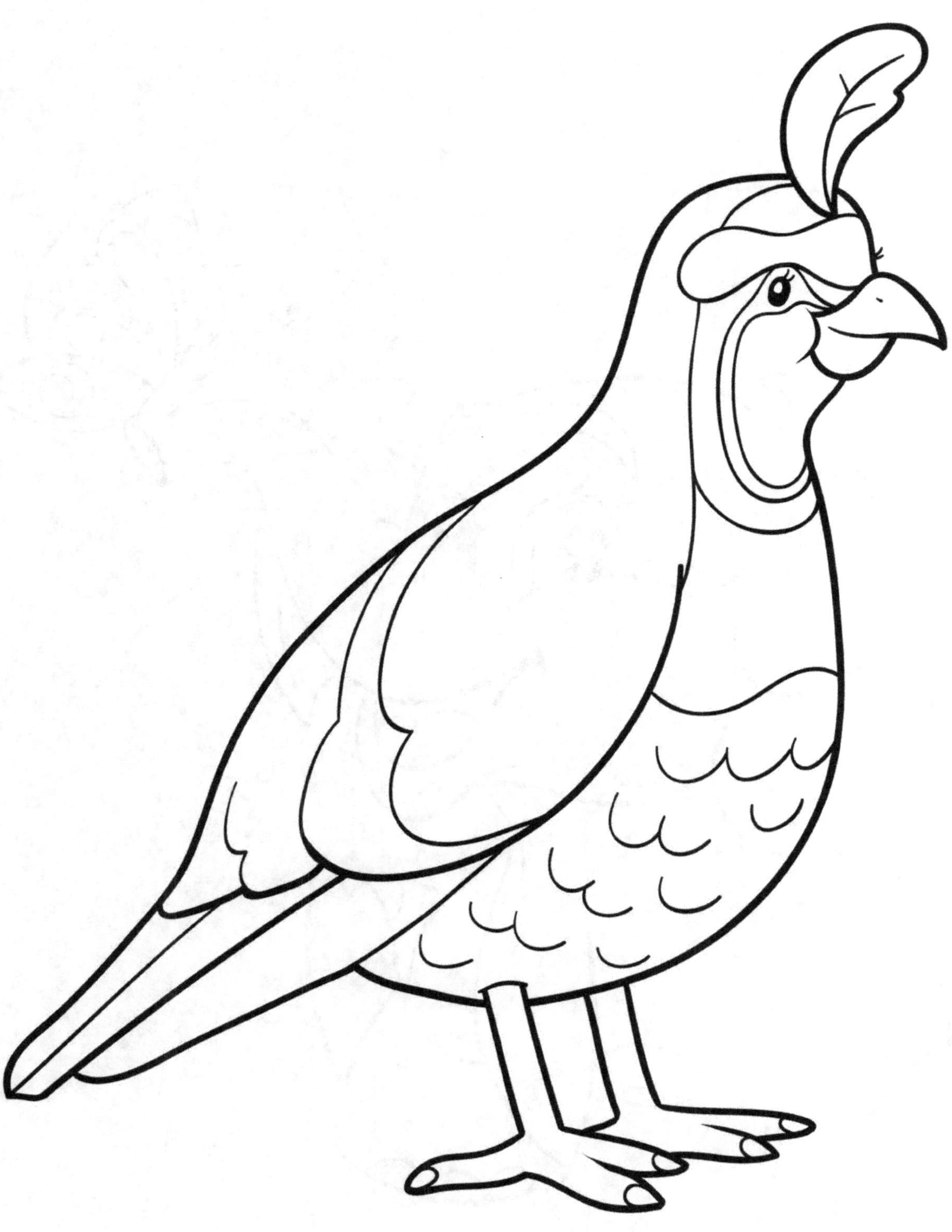

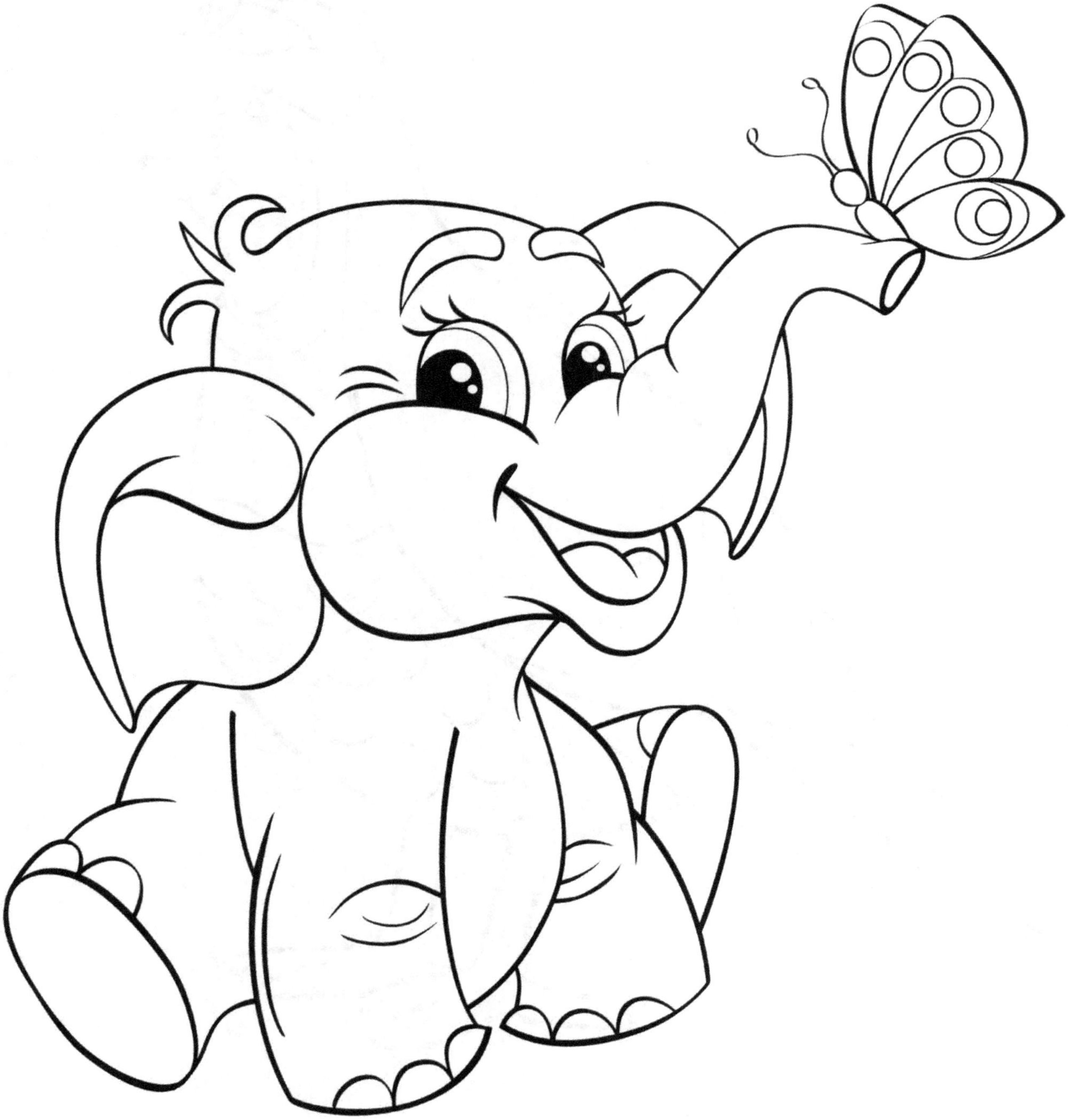

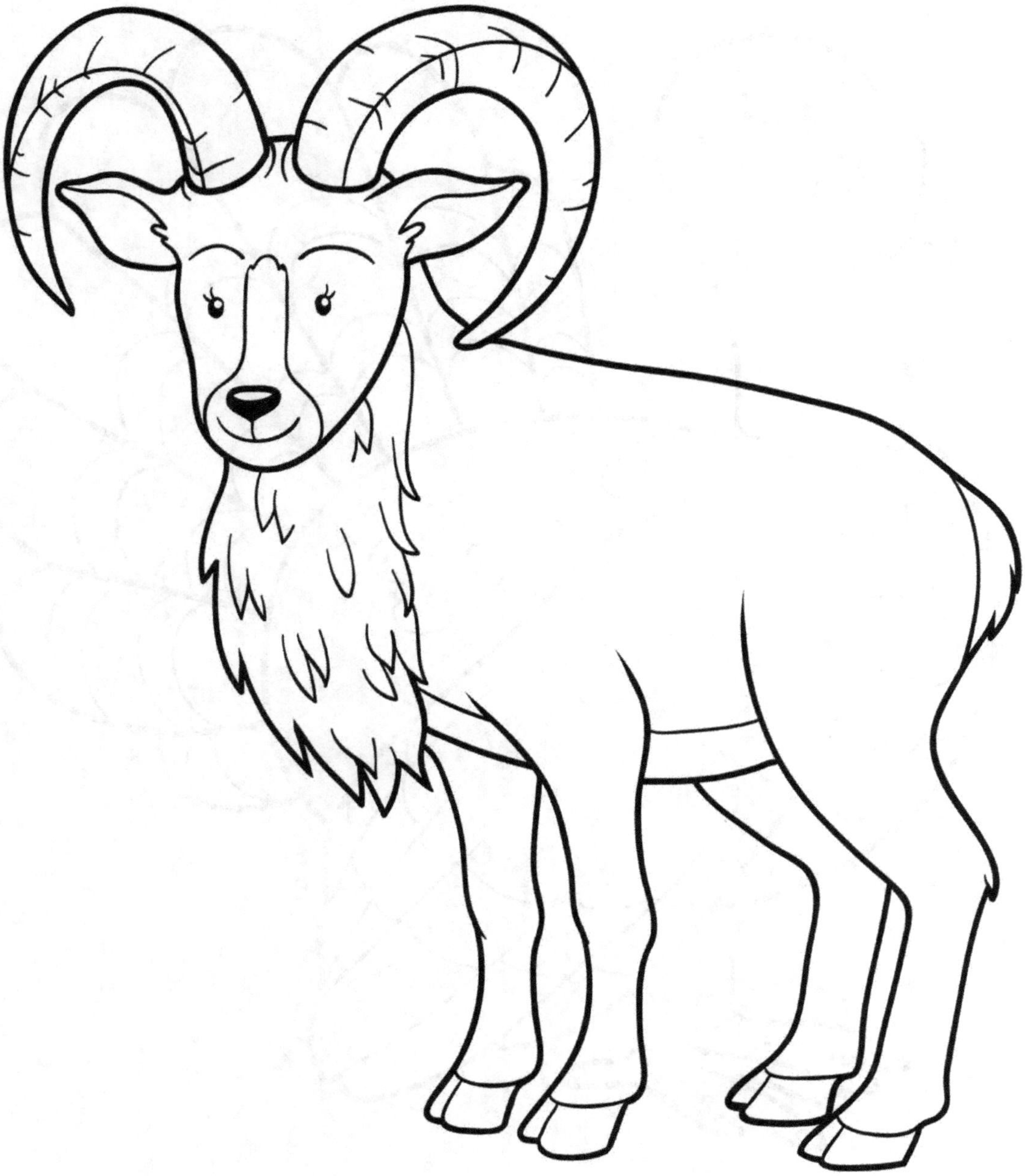

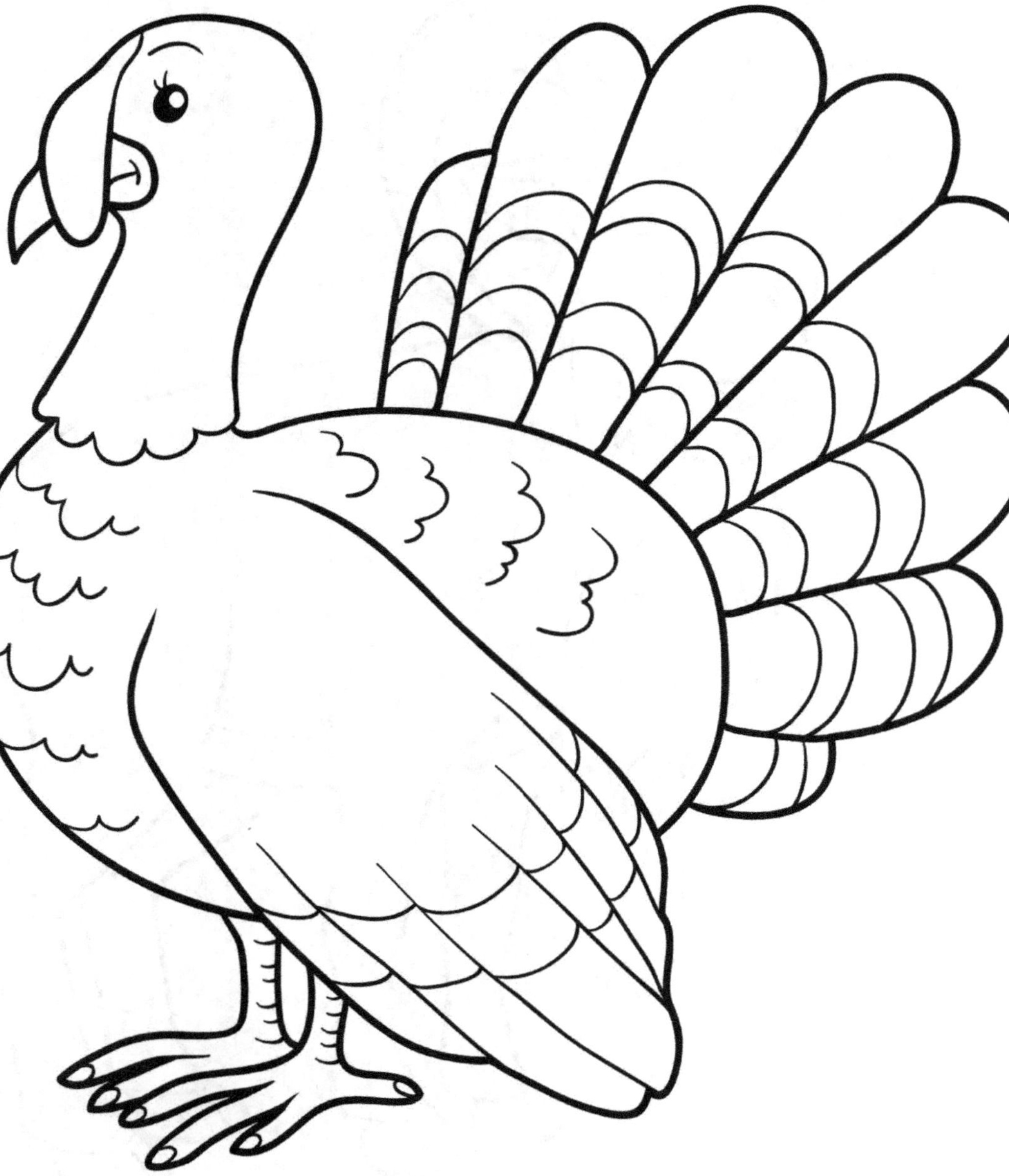

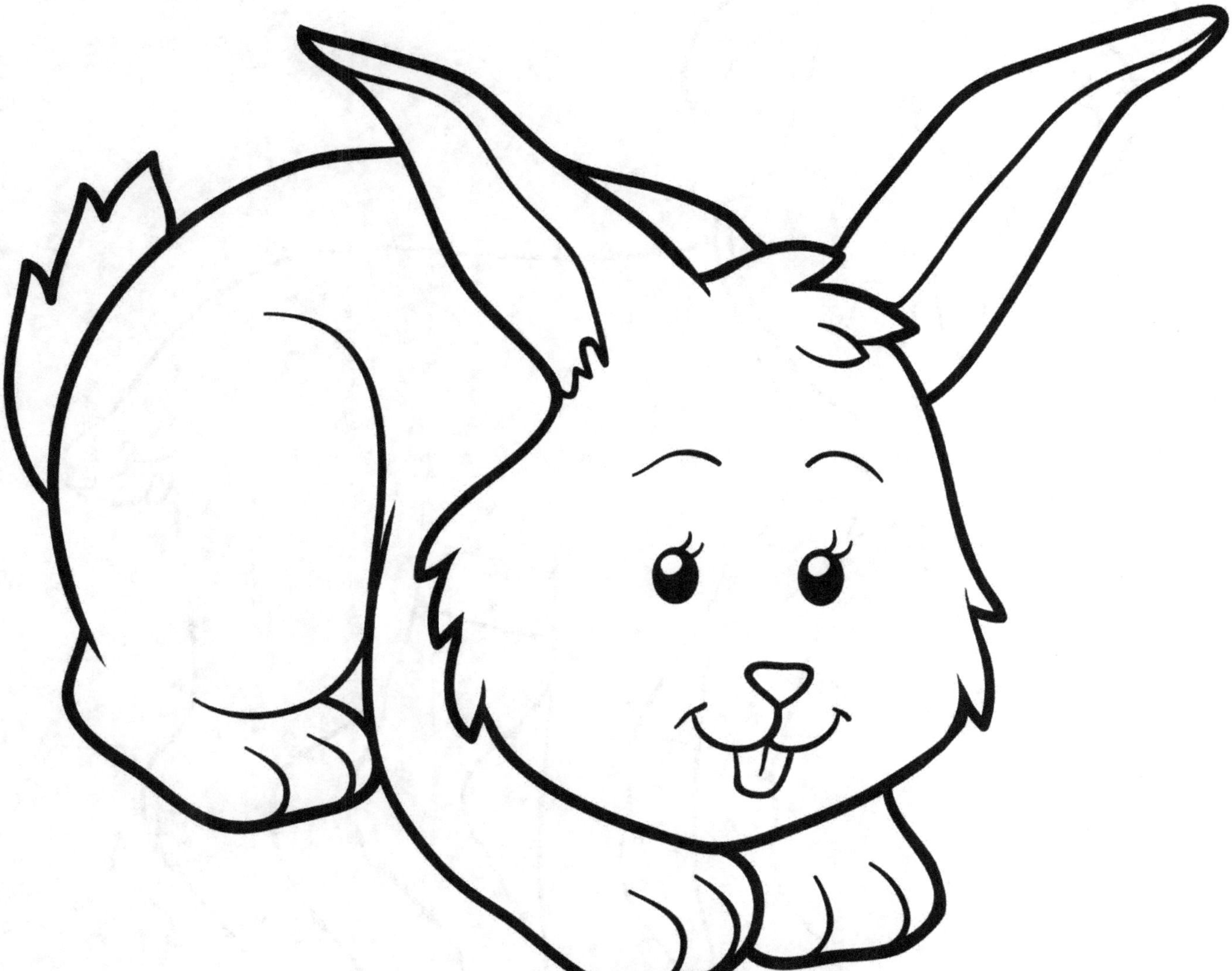

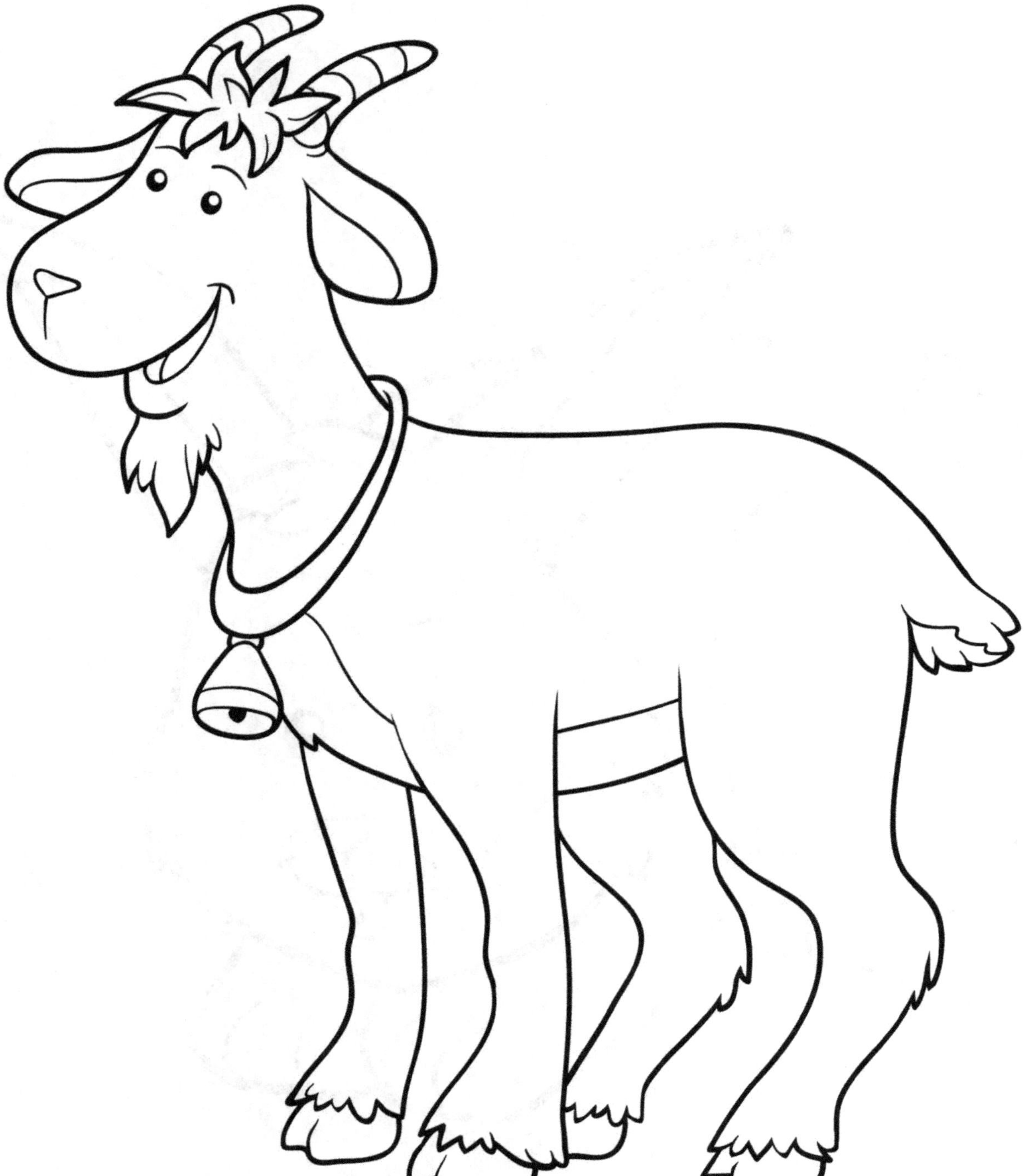

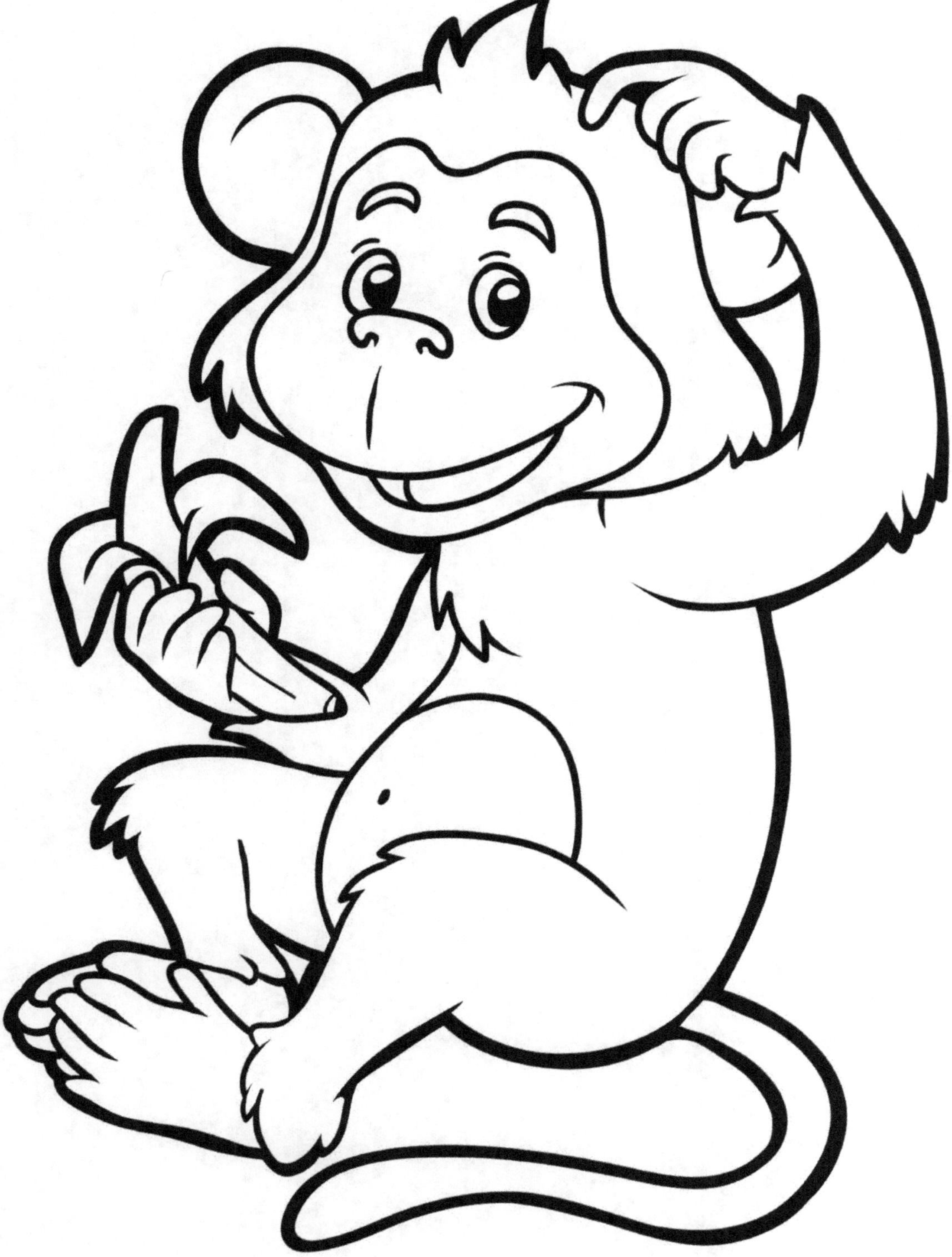